啓蒙の時代

Werner Schneiders
ヴェルナー・シュナイダース 著
河村克俊／嵩原英喜／西　章 訳

DAS ZEITALTER DER AUFKLÄRUNG

晃洋書房

DAS ZEITALTER DER AUFKLÄRUNG

by

Werner Schneiders

目次

凡　例

・原文イタリック表記については、著作・論文・章節のタイトルの場合は『　』「　」で、術語および強調の場合は〈　〉で示した。
・読みやすさの便宜を図り、原書にはない改行を行った箇所、数パラグラフごとに小見出しを付けた箇所がある。
・訳者による補足は亀甲括弧〔　〕で示した。ただし、単純な語句の補足については〔　〕を外して入れている箇所もある。

第1章
啓　蒙——一つの新たな時代

1　応答としての啓蒙

啓蒙の二つの意味

啓蒙とは、明晰な思考による真理を目指すが、しかしまた自由と自立を目指すものでもある。つまり、〈啓蒙 Aufklärung《アウフクレールング》〉という表現はもともと「悟性の啓蒙」として、合理的な思考を意味している。それは諸概念を明らかにし、無知や無分別状態などをなくすことへと私たちを導くものだとされている（合理主義的な啓蒙概念）。しかし、のちに〈啓蒙〉という表現はまた、解放を目指す活動をも意味し、それは、例えば「自らに責めのある未成年状態から抜け出ること」として、あらゆる種類の足枷からの解放へと導くとされる活動である（解放を目指す啓蒙概念）。この二つの意味を持つ啓蒙概念に対応してさらに、実際の歴史上の運動は、体系的な意味での悟性の啓蒙を程度の差はあれ一般的な綱領として目指してはいたが、特定の時代における〈啓蒙〉をも意味している。そこで、この歴史上の運動は主に一八世紀に生起したので、この時代は（明確な時代区分ではないが）「啓蒙の時代」と呼ばれるのである。このような啓蒙そのものの捉え方に対応して、それ以外にも啓蒙を示す次のような一連の言葉も存在し、それらは遅くとも一八世紀末には全て出そろっていた。すなわち、啓蒙は何よりも先ず悟性を、それどころかむしろ理性を信頼しているものなので、理性優位のこの時代は「理性の時代」とも呼ばれている。また啓蒙は本質的に（迷信と先入見に対する、また熱狂と狂信に対する）批判として現れるので、この時代は「批判の時代」とも呼ばれている。さらには、一八世紀は、概して哲学に主導権を握られていたので、「哲学の世紀」とも呼ばれている。今日に至るまで、批判的であることや理性や自由に根差していることを強調する様々な活動に加え、これらの活動を（いわば特定の歴史時代を超えて）要請することも、啓蒙という名称の下に現れてきた。そして、これらの活動や要請は、たいていは間接的なものに過ぎず、またそこに取捨選択が大いに働いていたということはあるものの、依然として「啓蒙の時代」に関連しているのである。

理性、自由、徳

啓蒙は、実際の歴史としては先ず、ある特定の状況に対する応答であった。イギリスとフランスは、他国に先立って中央集権的に統治され、その後国民国家としての性格がますます強い大国となっていった。こうした大国の成立とそれと時を同じくして起こった宗教改革による教会の分裂に伴って、ヨーロッパでは一六世紀以降全く新たな精神的・社会的な問題状況が生じた。この状況は、神学と哲学からは独立する傾向を持った学問〔すなわち自然科学〕が同時に台頭することによってより先鋭化してくる。いわゆる近代は精神的・社会的生活のあらゆる領域において新たな秩序をめぐる闘争として始まった。その闘争は特に、真なる宗教と正しい国家秩序をめぐる知的・政治的なものであった。国内および国家間でのイデオロギー的・軍事的戦争は一七世紀全体に影響を及ぼし、それゆえにこの世紀の終わりに生じ始めた啓蒙の状況にも影響を及ぼした。そのなかで最もよく知られているのが三〇年戦争（一六一八―四八）である。

一七世紀後半に見られる宗教問題の特徴は、とりわけ宗派の分裂にある。一六世紀に起こった宗教改革は、誰もが納得するような解決を得ようとしたが、それが実現することはなかった。ただ、諸宗派と諸学派が張り合うようになったに過ぎず、そのことで新たな神学的闘争を、そして最後には政治的闘争を引き起こしただけであった。ウェストファリア条約（一六四八）でさえも、ドイツにのみある種の安定状態をもたらしたに過ぎず、イギリスとフランスでは流血を伴う争いがさらに数十年続いたのだった。この延々と続くトラウマになるような宗教戦争と市民戦争を経験したことから、次のような相互に緊密に結びついた二つの要求が生まれた。一つは理性宗教ないし自然神学の要請であり、もう一つは、信仰の自由の要請である。そして後者の要請は、その後あらゆる分野における思想と言論の自由への要求となり、さらには出版の自由への要求に拡大することもあった。しかし、啓蒙はとりわけ真の宗教を、もはや教会の教義《ドグマ》にではなく、実践的な道徳のうちに求めるようになる。宗教の持つ真理性が次第に不確かになるなか、徳が現世における宗教を代替するものとなる。こうして啓蒙は理性、自由、徳をより強く求めるようになっていったのである。

啓蒙の視座からは、宗教と同じく政治も思慮に欠けた不自由なものであり、さらに不道徳であることをその特徴としていた。政治は有史以来君主制〔王政〕をとっており、これは啓蒙によって例外的に、またかなり時代を経てようやく問いに付されることになる。君主制は新たな権力と秩序の問題に直面して、ヨーロッパ各地で絶対主義へと近づく傾向を持っていた。絶対主義は先ず戦功をおさめ貴族となった古参たちを市民の助力を得て抑圧しようとしたが、その後は強力になった市民たちそのものを新たな軍隊によって抑圧することを試みた。このことから啓蒙にとって（イギリスにおいては古い立憲君主制が既に存在していたので、イギリス啓蒙を除外すれば）二つの可能性が生じた。一つは徳と悟性の普及という啓蒙固有の目的のために絶対主義を道具として利用することを試み、可能であれば改革を通じて自由を希求することである。もう一つは、絶対王政を世界の改善を妨げる最大のものとして、すなわち専制ないしは暴政として直接これと闘い、何らかの仕方で革命のための情宣活動を行うことである。ほぼ全ての啓蒙家たちは、先ずはより望みのもてる第一の可能性を追求した。そして自由化された立憲君主制を支持しない者は、啓蒙された改革絶対主義〔絶対主義を啓蒙によって改革すること〕というかたちで啓蒙と絶対主義を結合することに尽力した。フランス革命後にようやく、むろん全てとは到底言えないが、かなりの数の啓蒙家たちがどのようなあり方であれ民主的な共和国に賛同の意を表明した。しかし、啓蒙家たちにとっては、万民が自由を持つことよりも、理性と道徳をめぐる関心の方がどうやら強かったようである。

同時代の人びとは自主的な理性使用ないしは悟性使用の模範的な第一の事例を、一六世紀以降自らの知的影響力をますます強めてきた自然科学のなかに見ていた。自然科学は一七世紀中頃には既に教会の後見を払いのけていたので、神学から独立する思考のモデルとなった。このことから、科学と緊密に結びついた自由な哲学への希望も初めて生じてくる。そして神学に依存しない傾向を持つ世界知が理性的な神認識とよりよき人間認識の可能性を示し、それにより道徳上の問いのみならず実践的・技術的な問いにおいても進展が見られた。自然科学が示す実際の知見は、新たな政治学や道徳学（自然法）の理念を呼び起こし、理性と自由への期待をより強めた。要するに哲学と啓蒙は、自由な学（自然科学）を自らが最も恩恵を被っているものと見なし、自ら自身を学として了解することができたのである。

こうして宗教や政治、さらに科学を見渡せば、啓蒙がその端緒から当時の歴史的状況に対するリアクションであったことがわかる。啓蒙家たちは、思慮のなさがもたらした宗教と政治の惨状に遭遇した一方で、新たな諸学のうちで悟性と理性の成果を目の当りにして、悟性と理性に、さらに厳密に言えば自己による思考（自分自身で考えること）に望みを託した。したがって、自己による思考のためには自由（成年）もより一層希求されることになる。理性は、実際に存在する思慮のなさのみならず仮象と「分別の喪失」に抗して、真なる事態を守るための手段であり審級なのである。そして迷信と狂信、先入見と熱狂が先ずは克服されるべき対象となる。これらの概念に対する攻撃の矛先が、堕落したものとして批判されていた宗教のあり方に向けられていたのは明らかである。それと共に、信仰の欠如だけでなく、信頼できる社会の欠如にも直面して、理性を通じて認識される自然が規範ならびに真理の基準となり、それが〔聖書による〕歴史的啓示に取って代わることとなる。それゆえに一部は科学的に、また一部は形而上学的に理解される規範的な自然概念の重要性が新たに強調され、それが様々な議論の控訴審となり得るのも、まさにこの両義性のゆえであろう。けれども政治と宗教の持つ権力は概して啓蒙運動の直接的な影響圏からは外れていたので、認識という光の増大（「悟性の改善」）とそれにより希求されている道徳の普及拡大（「意志の改善」）が啓蒙運動の第一目標となった。このことを背景にして、（進歩と自由、寛容と人権などといった）啓蒙による要請や希望の大半が、啓蒙による理性への期待と理性への意志から帰結したものとして理解できるのである。

実践としての啓蒙

それゆえに、ごく概略的に言えば一八世紀の啓蒙は、精神的であると共に社会的な改革運動であった。それは思考の明晰さによって単に精神的な進歩だけではなく、社会のあらゆる状態を改善することをも期待させるものであった。何よりも先ず神学的な思考が中心であった数世紀を経て、いまや人間学的な関心がはっきりと強まってきていることは明らかである。この関心はなかんずく人文学の発展のみならず、さらに人間の使命についての問いをもたらした。したがってまた、市民的社交が神ないし信仰の内なる信徒の交わりにますます取って代わるようになる。また大いなる信仰から盲信、そして軽信を経た数世紀の後に、今度は批判的思考への明確な趨勢が生じてきたことも明白である。その趨勢は例えば、迷信批判と先入見批判、そして熱狂と狂信に対する批判への要求が幾度も繰り返されるなかにはっきりと現れている。この批判的思考は、個人の理性に基づき、個人の理性に呼びかけるものなので、その意図からすると理性的で自立的な思考であり、その意味において際立った合理性と真正性として特徴づけられる。思考と行為における自立性は中心的な要請となり、少なくとも間接的には自由を要請することをも含んでいた。しかしなかんずく多数の啓蒙家は、〔宗教に代わり得る〕徳への要請が繰り返されていたにもかかわらず何らの直接的な効果の可能性も見られないので、個人の改善とそのことによる社会の改善を期待していたように思われる。

啓蒙は単に観念の産物であるだけではない。啓蒙は歴史が挑発してくる課題に対する応答として、もともと新たな時代へ向けての出発であり、したがってそれ自体伝統との訣別でもあった。啓蒙は変革を目指す。それは一つのプロセスであり、しかも単に反省のプロセスであるだけでなく、改革のプロセスでもある。すなわち啓蒙はその発端と意図からして改革運動であり、あらゆる階層の人びとが参与する精神的で道徳に関わる、しかもとりわけ宗教的で政治的な改革運動であったのである。しかしもちろん世界を変革し改善しようとする意志は、その変革と改善から同時に最大の利益を得ることを願う意欲的な階層としての社会集団のもとで、つまりいわゆる第三身分、市民階級のもとで、最も強かった。精神的ならびに社会的に台頭する市民階級（有産階級、教養市民など）は精神面と物質面における進歩を強く求め、理性と自由へと向けられた啓蒙のうちに、宗教や貴族の支配権力に対抗するための武器を見てとっていた。それゆえに当初は非政治的で私的であった彼らの道徳も、実際の宗教や政治に立ち向かうことができたのである。

新たな思考は生のあらゆる領域を変革しようとする新たな意志と結びつき、活動すること、もしくは実践的になることを求めた。啓蒙とは、この表現が既に含意しているように、本来はそもそも意志的な活動であり、機械的なプロセスなどではない。啓蒙はそれを担い推進する人びとの思考と意志を糧としている。ただ、啓蒙の始源とその始原の諸条件は啓蒙の進展のうちでも、ほどなく忘れ去られてしまった。その結果、啓蒙は一つの世界観となり、比較的固定化された思考の枠組みにおける諸々の理想の可変的なアンサンブルとなってしまい、現実から遊離した思考体系となってしまったのである。

2　哲学を通じての啓蒙

科学と異なる哲学

一八世紀には神学への関心がヨーロッパ各地で低下したのに対して、哲学の名声は古代以来久しくなかった高まりをみせた。すなわち哲学が標準的な思考の形式となったのである。哲学者たちは啓蒙を先導する偉大な思想家であり、フランスの啓蒙家たちは自分たちのことを〈フィロゾフ〉とはっきりと名乗っていた。たしかに多くの啓蒙家たちにとって哲学はまだ神学のある種の代用品であったかもしれないが、啓蒙自体は一貫して世俗的な学ないしは知恵であると理解されていた。啓蒙は〔啓示または恩寵という超自然的な光と区別して〕これまでのように理性という自然の光をただ引き合いに出すだけでなく、今度はこの区別を特に強調したのである。啓蒙は当然、自然の認識を矯正するために福音書を指針とすることをいっそう拒否するようにもなった。それどころかドイツでは、哲学は用語的に神についての学とは区別され「世界についての知〔世界知〕Weltweisheit」として理解されていた。ただし一八世紀には科学と啓蒙の差異もますます明確になってきた。そして、それは哲学と科学の違いがより明らかになることとまさに軌を一にしていた。

一七世紀に近代自然科学が登場したことによって、神学からだけでなく哲学からも独立する傾向を持つ認識が誕生した。そのとき哲学は先ず、精密で普遍的に妥当する方法的な学問〔すなわち数学〕をモデルとして自らを新たに構築し、また学としての形而上学を介して、自然学に対して優位に立とうとした。しかし、それに加え、認識論的に科学の根拠を問い、そうすることで哲学をある種のメタ科学として基礎づけようともした。そして、それと同時に、精密諸科学の持つ経験的で仮説を重んじる性格がますます明確になってきたので、科学が本質的な問いに答えられず、また実証主義的な科学によっては究極的な原理を未だに探究することができていないということもまた明らかにならざるを得なかった。既に当時、道徳心の欠如による科学の誤用がもたらす危険を理解している人もいた。それどころか多くの人が科学と、科学に内在する無神論と唯物論への傾向によって宗教が破壊されることを危惧してもいた。少なくとも精密な科学は〔価値や目的など〕意味に関わるあらゆる問いを方法的に除外することで、全ての原理的な問いと同時代的な問いに答えることができなくなった。そしてこういった問いに答えることが今や哲学に期待されるようになる。それゆえに啓蒙は、繰り返し科学に拠りどころを求めはするが、それ自身が科学であるわけではない。啓蒙そのものが科学的認識として理解される限り、啓蒙は科学をかなり広い意味で理解しなければならなくなる。しかし、もし啓蒙が哲学として示されるべきならば、もしくは啓蒙家が自らを哲学者と呼ぶならば、哲学もまた極めて広い意味で理解されなければならない。一つの専門分野としての哲学は新たな「指導的な学」となるが、とはいうものの啓蒙家は一般に（アカデミックな意味での）哲学者ではない。基本的に啓蒙は（宗教の持つ諸々の確信が失われたことを承けて）〔人びとや社会の〕方向づけを行う知ないしその試みであり、科学を通じてその不在が露わになった意味に関わる問いに対する応答なのである。

科学に対する哲学の関係は、一方で哲学がそもそも精密で確実で普遍妥当的な学となり得るのか、またなり得るとすればどのようにしてかという問いを繰り返し際立たせ、他方では認識論と認識批判をもたらさざるを得なかった。この関係は一八世紀には、啓蒙の哲学が、哲学としての啓蒙と同様、特に以下のような実践的な問いに主に取り組むことによって特徴づけられる。その問いとは、法哲学と道徳哲学の問い（例えば情動論や自然法論）、政治学と教育学の問いであり、場合によっては医学と技術の問いでもある。その一方で思弁的形而上学はたいてい侮蔑の対象であった。とはいえもちろん、理論哲学、そのなかでも特に認識論も常に存在していたし、当然ながら形而上学も依然として存在していた。しかし、啓蒙の哲学はほぼいつも実践哲学として理解されていた。啓蒙の哲学は、批判的に応用された哲学としてさらに闘争的な哲学であり、闘う哲学 philosophia militans であったのである。

文学と連携する哲学

哲学は科学と〔メタ科学的な〕批判を伴う同盟関係を築こうと努力していたが、文学とはおよそ比類なき共生を実現したことも稀ではなかった。両者は同じように悟性と徳の普及に取り組んだ。そして同一の人物が哲学者であり詩人であることも珍しくはなかった。このような協同関係は双方の側からのはたらきによって成立している。詩人の側からのはたらきに関して言えば、詩人の能力は依然として経験知と結びついており、技芸は見識を前提とする。その見識とは、例えば文法と詩学、神話と寓意画といったものである。さらに作家たちは、啓蒙を広めることを意欲していたので、自らもあらゆる種類の知識に、そのなかでも哲学の知識に関心を持っていた。したがって詩人はまだ教養ある人として社会では優位にあった。しかしあらゆる種類の文学が同じように啓蒙という目的のために役立ったわけではないのはもちろんである。例えば、叙情詩は、貴族的な趣味に対応していた古典的な叙事詩や古典的な悲劇と同様、啓蒙にはどうやら依然として不向きのようであった。これに対してコンパクトで教育的な文学形式、例えば教訓詩、寓意小説、そして風刺詩などが高揚期を迎える。加えて一八世紀には（古くからあるあらゆる種類の詩の制約には縛られない）小説が登場してきた。そして、特に対話の体裁を持つ書簡体小説によって、自由な弁論の機会が数多く提供された。哲学者の側からのはたらきに関して言えば、啓蒙の哲学者たちは、知識と批判によって世界を変更しようとするので、どうしても「世界知」の普及に関心を持たざるを得なかった。哲学者たちにとっては〔自らが社会に対して持つ〕実際に影響力の及ぶ範囲はそれ以前と同様に一八世紀においてもかなり制限されていたので、啓蒙家たちは自分たちが改善しようとする世界を、思考と著述によって変更することを試みなければならなかった。その結果、それまで何世紀もの間ただ学校哲学に過ぎなかった哲学は、学校以外の世界に適合しなければならなくなった。世界知は世俗的な知恵と世界についての知として、世界のための知恵ともならざるを得なかった。つまり哲学は可能な限り通俗的かつ実用的なものとして自らを示さなければならなかったのである。そして哲学は「通俗哲学」ないしは「世界のための哲学」としてできる限り多くの人びとの心に訴えかけることができるような文学的な媒体形式を求めなければならなくなる。したがって哲学者と詩人は共通の領域で、すなわち娯楽の要素もありながら教育的でもある定期刊行物の領域で出会うことも稀ではなかった。そして哲学と文学は共同で啓蒙の「紙の文化」を形成し、全ての分野を網羅する文芸ないしはむしろ文体を生み出した。哲学と文学は一緒になって一八世紀を「書物の時代」としたのである。それゆえに啓蒙について語ることは、主に一八世紀の哲学と文学について語ることを意味するのである。

3　啓蒙の多様な現れ方

各国啓蒙の独自性

綱領的な啓蒙概念が（合理主義的な啓蒙と解放を目指す啓蒙、自己の啓蒙と他者の啓蒙、上からの啓蒙と下からの啓蒙、君主による啓蒙と民衆の啓蒙などとして）体系的に区別され得るのと同様、歴史時代的な啓蒙概念もまた（例えば世代や国によって）細分化されるに違いない。特定の基本思想については意見の一致が見られるにもかかわらず、いつ、どこで啓蒙が生まれ展開されたのかということに目が向けられるや否や、大きな違いが露わになる。加えて、（哲学と文学、宗教と政治など）精神生活や社会生活の様々な領域から生み出される違いもあるし、またその諸生活が営まれる仕方が異なることから生み出される違いもある。ここから結果として、場合によってはほとんど互いに関わりのない多種多様な啓蒙が現れることとなる。

たしかに啓蒙は一八世紀には最も強力な運動であった。しかし啓蒙は事柄の面でも時代の面でも、この世紀と完全に一致していたわけではない。ヨーロッパの宗教的・政治的な基本状況に対する応答として、啓蒙は既に一七〇〇年以前にその兆しが見られ、一六八〇年代のほぼ同じ時期に、イギリス、フランス、ドイツでそれぞれ独自にはっきりと目に見える形で現れてくる。そして、啓蒙が幕を開ける状況が国ごとに異なっており、その幕開けのあり様も異なっていることが、啓蒙の性格をはじめから特徴づけていた。ここではキーワードのごとく三つの象徴的な日付と、それに関する三つの特有の動向とに言及することができる。イギリスでは、全てを決することになる政治的勝利と共に、つまり一六八八年の名誉革命と共に啓蒙が始まった。これによって立憲君主制が承認されることとなった。啓蒙は宗教批判としても比較的穏やかな進展を遂げることができた。フランスでは、啓蒙は宗教に関する悲劇的な事件と共に、すなわち一六八五年のナントの王令廃止によって始まった。この事件によって新教徒（ユグノー）はほぼ完全に根絶ないし追放されることとなった。フランスはカトリックと絶対主義が強く結びつくことで反動的国家となり、啓蒙めいたものはただ（先ずは秘密裏に）原理的な抵抗勢力としてのみ存在することができたに過ぎない。ドイツには啓蒙の始まりとして把握できるような劇的な事件や政治的ないしは宗教的に重大な日付は存在しない。せいぜい挙げることができるのは、衆目の的となったライプツィヒ大学でのドイツ語の導入という、当初は片田舎で起こったアカデミックな出来事ぐらいであろう（一六八七）が、これによって広く一般的な文化改革と社会改革とを目指した大学改革が始動するのである。

各国間に見られるこのような違いは、一連のさらなる要因によっていっそう増大することになる。イギリスとフランスの間には中世以来、しばしば争いが起こりはしたが、比較的緊密な関係が築かれていた。それによって一八世紀でも活発な相互的な文化交流が行われており、そのため啓蒙の伝播もなされていた。これに比してドイツはそのものが多数の領邦に分割されていたこともあり、様々な観点から、両国からは遅れをとっていると見なされ、文化の進展からは除外されていた。また既に言葉の問題から見ても、全般的にはドイツ文化、そして特殊事例としてはドイツ啓蒙が顧みられることはほとんどなかった。その一方で、ドイツでは文化的な落差ゆえに、少なくとも二、三の領域では大幅にフランス文化が受容され、それだけでなくイギリス文化も受容されることとなる。一八世紀の啓蒙は根本的には世界市民主義を強調していたにもかかわらず、実際は自国中心主義的なものであり、愛国主義が至る所で徳として宣伝されることで、各国の孤立傾向は強まったのである。

啓蒙の時代設定

イギリス、フランス、ドイツで啓蒙がほぼ同じ頃に始まったのと同じく、その終わりもほぼ同時期であった。しかも啓蒙が終焉した理由は当時の国際状況にあったのであり、単に各国内の諸事情によるだけではなかった。これら三つの国では全て啓蒙は世紀のなかば頃にある種の絶頂期を迎え、その後は革新的な成果をあげることなどほとんどなく、達成したことをほとんどただ伝播させ深化させたに過ぎなかった。またこれらの全ての国では時を同じくして新たな種類の反動が形成され、それにより啓蒙が強く求める批判的な精神的態度の終焉が準備されることになった。しかしほんとうの終焉は、絶大な影響を及ぼすことになるフランス革命（一七八九）という時代を画する出来事が予期せず起こったことによってようやくもたらされた。たしかに、最初この革命は多くの啓蒙家に熱烈に迎えられ、それどころか一部は自分たちの最も大胆な希望の現実化と見なされた。しかし次々と新たに起こる事件によって、啓蒙家たちは、自らの持つ理念を心変わりすることなく守るのか、それとも革命に敵対する自らの統治者に忠誠を尽くし続けるのか、というディレンマにも追い込まれた。その後、革命のさらなる経過（国王の処刑、恐怖政治、フランスの帝国主義化）により、至る所で啓蒙に反対する動きが強まってくる。したがってフランス革命の日付、ないしその「堕落」の日付（一七九三）、またはナポレオンによる革命終結の日付（一七九九）が、啓蒙の終わりを意味する象徴的な日付となり得る。それはたとえ啓蒙を主張する人の多くが一九世紀のはじめまで生きており、また著作活動を続けていたとしても、変わることがない。この点では、啓蒙の時代は十分明確に定義できる特定の期間を指す。いずれにしても啓蒙の時代は四世代に及び、ドイツでは例えば哲学に関して、先ずは初期啓蒙、次に学校哲学的な盛期啓蒙、さらに通俗哲学的な盛期啓蒙、そして後期啓蒙に区分できる。その他の国々や文化圏については、これとは異なる時代区分が可能であり、また必要であろう。

啓蒙と啓蒙家の多様性と共通性

いずれにしても啓蒙は多様な現れ方をしたことを考慮に入れなければならない。なぜなら、既に述べたことに加えて文化的活動ならびにこれを担う人びとそれぞれのあり方の間に認められる差異については、容易に整理できないほど多様であったからだ。理性、自由、道徳について力説する哲学者たちは、少なくとも部分的には法や宗教の改革者、学校や大学、また農業や演劇を改革しようとする人びとは異なる関心を持っていた。成年〔啓蒙されたひと〕を求める哲学者もいれば、ひょっとするとただ有用で敬虔な市民たちを求めていただけなのかもしれない哲学者もいた。詩人もまた啓蒙家として、哲学者とは異なる関心を持っていた。そしてまた、様々な国で互いに異なった啓蒙が実践されることで、啓蒙も多様な差異を示す。というのも一方で、啓蒙家は、たとえ個々人で闘っていることがあったにしても、知識の獲得や知識の伝達のための既存の組織形態や社会制度を引き継がざるを得なかった場合もあれば、他方で自主的に組織する場合もあったからである。例えば、ドイツでは当初から大学が大きな役割を担っていた。これに対してイギリスとフランスではクラブやサロンが重要な役割を担っていた。〔共通する点としては〕至る所で図書印刷技術が進歩することで、啓蒙が普及する普遍的で根本的な条件が整えられた。書き記された言葉は啓蒙の最も重要な媒体であったので、増大しつつあった書籍出版と共に至る所で情報に富み、批判的な定期刊行物が生まれ、それらが例えば図書館や読書サークルに理論や議論を好む読者層を見出した。出版は啓蒙の主要な原動力となる。その他、各地で一般的ないしは特殊な啓蒙運動に役立つ愛国的なグループが組織された。しかしまた（フリーメイソンのような）秘密結社は、公開性を求める啓蒙とは矛盾しているにもかかわらず、誓いによって秘儀めいたものへと人びとを誘い、多数の著名人をも惹きつけることになる。

イギリス、フランス、そしてドイツでの啓蒙の進展の差異性に直面し、またヨーロッパならびにそれ以外の地域での別の進展の多様性をも見ることで、そして世代や専門領域の違いや、さらには実際の活動の差異を目の当たりにするとき、私たちは〔単数の〕啓蒙について語るよりも複数の啓蒙について語る方がより適切ではないかということに思い至るかもしれない。そして、様々な国での啓蒙の差異と多面性が強調されるのが当然であるなら、つまり例えばドイツ啓蒙の特色と独自性が強調されるのが当然であるなら、複数の啓蒙について語ることにも意味がある。しかし十分な理由をもってイギリスの啓蒙やフランスの啓蒙、またドイツの啓蒙等々と語られる限り、上位概念としての〈啓蒙〉も確保され、そのことでまたある種の統一ないしは共通性も前提され続ける。事実、個々の点では差異と相違があるにもかかわらず、これら全ての啓蒙には、思考と意欲についてのある根本的な雛形が見られる。理性、自由そして徳の要請は、ヨーロッパ各地で程度に差はあるものの根本的な要請である。これらの要請は同時にまた、比較的堅固な様々な基本的願望を集約してもいる。無知と思慮のなさに対する闘い、特に宗教に関わる思慮のなさに対する闘いは、各地で中心的な課題であった。これに応じてまた啓蒙に関する隠喩表現（暗闇に抗する光明、雲と霧に対する晴れ間）は、どこにおいても本来的に同じものとなる。そうである限り啓蒙運動の統一性については、その精神的で社会的な根本傾向が可変的であるとしても全く何の疑いもない。そうだとすれば、可変的であると同時に統一的な、いわば中核的な啓蒙概念というものもあり得るだろう。

しかしもちろん一八世紀の啓蒙家は、決してただ啓蒙家に過ぎなかったわけではない。彼らは自らのうちに矛盾を持つことも稀ではなく、常に同時代の啓蒙とは異なる様々な動向にも関与していた。それどころか明確に反啓蒙的な動向に参与する者もいた。まだ魔女の存在を固く信じている学者もいれば、磁気学に全ての事象の解明を期待する学者もいた。また、合理主義や経験主義に傾倒する哲学者がいるかと思えば、神秘主義に傾倒する哲学者もいた。理性を重んじる作家の多くが、同時に極めて感傷的でもあった。そして、認識論的な経験主義と批判的 - 実践的合理主義の距離が近過ぎることも少なくはなかった。なかんずく学問的（合理主義的）態度と宗教的（情動的）態度が繰り返し問題なしに繋がっていたように思われる。例えばドイツでは多数の批判的啓蒙家が同時に敬虔主義に親近感を持っていた。要するに、啓蒙の時代においても、混じり気のない純然たる啓蒙家というものはいなかったのである。

第2章　イギリス——常識《コモン・センス》と道徳感覚《モラル・センス》

1　議会政治と実用主義

啓蒙以前

イギリス、すなわち今日グレートブリテンまたは連合王国と呼ばれている地域は、古来より島であるという地理的な条件による規定を受けている。イギリスは、神聖ローマ帝国および教皇領とは距離を隔てていることで、外部の影響を受けずにいることが常に既に十分に可能であった。周知のように、この島は当初は、イングランドとウェールズ、それに一七〇七年までは独立を守っていたスコットランドに分かれていたが、その後武力により次第に統一されていった。アイルランドも服従させられてしまったが、イングランドによる統治に対しては繰り返し反乱を起こし、それが結果として今日まで続く分裂状態につながっている。それゆえに、一八世紀のイギリス精神史には、一方でイングランドとウェールズの離反と結束、他方でスコットランドとアイルランドの離反と結束の二つがあり、これら二つの結束は強いこともあれば、弱いこともあった。

中世から続く国王と貴族との闘争の中で一種の貴族院が形成され、後にこの上院と並んで地主貴族層（ジェントリ）と富裕層の市民たちが下院勢力として加わった。その結果、イングランドでは一四世紀から既に両院制による共同統治がなされていた。その後、ヘンリ八世（在位一五〇九―四七）〔とキャサリンと〕の離婚が原因でイングランドの教会はローマ教皇庁から離れ、その彼の下でイングランド国教会が成立した。このことにより、宗教上複雑な状況が生じた。というのも、スコットランドとアイルランド（並びにイングランドの幅広い階層）は、さしあたりはカトリシズムのままであったが、攻撃的な様相を呈するカルヴィニズムがその後スコットランドで拡大し、それが長老派としてイングランドに広まったからである。そのあからさまな道徳的な厳格さゆえに当地で「ピューリタン」と呼ばれたイングランドのカルヴィニストたちは、市民階級と議会の中で主流を占めるようになった。こうした事情に加え、イングランドにはさらに多くの宗派が存在していた。そのなかでも最も有名なのが、クエーカーと呼ばれる宗派である。エリザベス一世（在位一五五八―一六〇三）公認のイングランド国教会の立場から見れば、これらの宗派は結局全て異端（非国教徒《ディセンター》）であった。

宗教的な多様性に彩られた議会と、たいていはカトリックで絶対主義的な考えを持つステュアート家出身の王たちとの間の闘争が、一七世紀をその深部に至るまで決定し続けていた。短い市民戦争の後、議会軍の司令官であったオリヴァ・クロムウェル（一五九九―一六五八）は、一六四九年に国王

〔チャールズ一世〕を処刑し王政を撤廃した。彼はたしかに（カトリック教徒たちを別にすれば）他の宗徒たちには寛容な態度をとっていたが、かつて迫害されたピューリタンたちは、実際のところ、例えばカトリック教徒たち――彼らの支配の下で、魔女裁判の件数も最も多かった――に負けず劣らず不寛容であった。しかし、クロムウェルの死後ほどなくしてステュアート家がすぐに再び権力を握り、世俗に開かれた新たな王政が、宗教的・道徳的色彩を帯びた軍事独裁体制にとって代わった。ところが、新たな国王たちが再カトリック化の政治を始めたとき、議会は法律――これは一九世紀まで有効だった――によって、イングランド国教会系ではない人びとを全て国家の高位から排除した。議会は国王〔ジェームズ二世〕を引きずり下ろし、オラニエ公ウィレムが、名誉革命において、ウィリアム三世（在位一六八九―一七〇二）として新たな国王であることを告示した。これにより、一五〇年続いた宗教・市民戦争は終結を迎え、議会政治とプロテスタンティズムは勝利を完全に手中に収めた。国王〔ウィリアム三世〕は議会の権利を承認し、議会は一連の法律の中で、制限つきの寛容と出版の自由を公布した。血なまぐさい対決に代わり、ある種の実用主義、つまり実現できそうなものを重んじる気質が出てきた。政治的・社会的な観点からして、今や、王と議会、貴族と市民は混合組織の中で結びつき、宗教的な事柄については、迫害による対立に代わって、和解と一定程度の寛容が支配し始めた。

このときから国内政治は比較的穏やかに進み、政党（ホイッグ党とトーリ党）による政治的な衝突が軍事的な衝突にとって代わった。好戦的な宗教上の狂信は一七〇〇年頃には消滅したに等しく、それに代わり経済的な利害関心が前面に出てきた。イギリスは、内政上の不和が絶えなかったものの、一七世紀には既に一流の貿易大国、植民地保有国となり、農業国から商業国となっていた。新たな自由主義精神のゆえに自由貿易が今や当然のこととなり、経済が躍進する時代が始まった。イギリスについて特筆すべきは当然のことながら、一八世紀半ばから始まった、いわゆる産業革命であり、このときに紡績機（一七六四）や蒸気機関（一七六五）、それに力織機（一七八五）が矢継ぎ早に発明され、イギリスは世界初の工業国となる。それによりこの国では他のどの国よりも早く、工業化の時代ゆえの新たな社会問題も出てきた。そのなかでも特に一八世紀後半のイギリス社会を特徴づけているのが、新たに生み出された貧困と富裕である。これに加えイギリスは、その後成立したアメリカ独立宣言（一七七六）の後、（カナダを除く）北アメリカの植民地を失うこととなった。

イギリス哲学を規定する三つの観点

政治的・宗教的な背景や社会的・経済的な背景が新たな時代にとってどれほど重要なものであったにせよ、他ならぬイギリスでは哲学と科学の発展こそが、新たな精神的態度が生まれる状況として決定的なものであった。一七世紀に既に当地では、哲学と自然諸科学の分野で、近代精神にとって重要な基盤が据えられることとなった。イングランドとスコットランドのスコラ哲学で主要な位置を占めていた唯名論への趨勢が中世の後期以降に勝利を収めた後、それに同調する形で、経験主義が、すなわち「形而上学から自由な立場から」経験的な事実を探求する趨勢が強まってきたのであり、この趨勢はアングロ・サクソン人のメンタリティを今日まで決定づけている。

フランシス・ベーコン（一五六一―一六二六）は、自然科学の時代が到来することを予告し、自らが実験を行なうことでその流れを作ろうとした最初の近代的な哲学者であった。大法官であった彼は、同時にイングランドに典型的な〈ジェントルマン・スカラー〉や〈ジェントルマン・フィロソファー〉といった理想像も作り上げた。科学と哲学をめぐる刷新はこの時代、伝統によって硬直化した大学の外で生じたのである。一六六二年に設立された王立協会《ロイヤル・ソサイエティ》は研究機関の一大拠点となった。当初はまだ自然哲学と解されていた自然科学が発展し、その科学は化学の基礎を作ったロバート・ボイル（一六二七―九一）と新しい物理学を築いたアイザック・ニュートン（一六四三―一七二七）において頂点に達した。その後一八世紀には、こうした時代精神に答える形で、研究は原理的な問いからは離れてしまい、実践的な問題に、そのなかでも特に技術や医療の改良といった実践的な問題に、積極的に関わるようになっていく。

精神風土は哲学においても変貌した。一七世紀のイギリス哲学を規定していた観点は特に三つあり――これらはそのままの形では大陸では見出すことはできない――、その一部は一八世紀の哲学にも影響を与えた。第一の観点は、対立が絶えない宗教的な状況と宗教戦争を背景に、それに対立する主張として早くから、自然宗教ないし理性宗教という考え方があった、ということである。その代表者はチャーベリーのハーバート（一五八三―一六四八）である。この理神論はその後一七〇〇年頃に宗教に対して極めて批判的な様相を帯びるようになる。第二の観点は、対立が絶えない政治的な状況と市民戦争を背景に、トマス・ホッブズ（一五八八―一六七九）が契約論に基づいて新たな国家哲学を展開した、ということである。彼の絶対主義的な国家論は、一七〇〇年よりも前に〔この後に述べるロックによって〕自由主義的なものに転換可能なものであった。そして第三の観点は、哲学が諸々の自然科学に強く定位していることから、先ず哲学の方法上の問題とその学問的性格に対する問いが立てられ、遂には認識問題一般に関する新たな種類の批判的な議論が引き起こされた、ということである。特にこれら三つの点が結びつくことで、一七〇〇年頃には全く新たな精神的態度が生まれたのである。

ただし、造形芸術や音楽といった芸術の分野では、わずかな例外を除き、新しい市民的・散文的なメンタリティが積極的に効果をもたらすことはなかった。音楽と絵画の発展が啓蒙と結びつくことはなかったのである。ただウィリアム・ホガース（一六九七―一七六四）だけは、社会批判的な自分の絵画と版画を啓蒙としても理解していた。それに対して、応用美術の分野では、イギリスは革新的かつ全ヨーロッパ的な成功を収めた。市民の居住文化の発展がその一例である。そのなかでも最も成功を収めたのは、何といっても特にウィリアム・ケント（一六八五―一七四八）が創出したイギリス造園・造景の技術である。公園でもあった新たな庭園は、自由に見えたため、――それというのも洗練された仕方でくつろげるようなものであったため――フランス式庭園に見られる厳密かつ技巧に満ちたシンメトリとは対照的であった。したがって、イギリス式庭園は絶対主義に抗する共和主義の象徴とも理解されたのである。事実、〔フランス式の王宮の庭園ではなく〕裕福な貴族たちの庭園や大庭園が概して重要であったからだ。もっとも一八世紀の終わりには、イギリス式庭園そのものがロマン主義まがいの庭園として再び、より人工的なものになっていきはしたが。

そうはいっても、一七世紀末から一八世紀末までは、ほぼ全ての分野で実践に向かう醒めた精神のありようが優勢であった。そしてそうしたありようが力を注いでいたのは、実際に実行可能なこと、もしくは実現可能なことに対してであった。すなわち、政治的・宗教的な問題（国王と議会の関係、国教会と〈非国教徒たち〉の関係）を調整する中での和解であったり、哲学と諸科学における思弁の制限であったり、有益な発明といったものである。いわゆる健全な人間悟性〔常識〕に立脚した、政治的かつ学問的な理性の理想像がまさに成立したのである。こうしたメンタリティ、すなわち実用主義を基盤にして、近世の宗教内および政治内の大きな対立、いわば形而上および軍事上の大きな対決を経て、一七世紀末以降、イギリスに特徴的な啓蒙の形が展開されていったのである。

2　経験主義と熱狂から心理主義と実証主義へ

ロックとその認識論

一六八八年にオラニエ公ウィレムがイングランドに上陸する際に乗っていた船内には、哲学者ジョン・ロック（一六三二―一七〇四）の姿もあった。弁護士の父を持つ彼は、オックスフォードで医学を学んだ後、貴族階級の人びととの良好な関係のおかげで、様々な職務に就きながら旅行を重ねることができた。最後は、後の初代シャフツベリ伯爵であるアシュリー卿（一六二一―八三）に主に仕えることとなり、そのアシュリー卿を追ってオランダに亡命した。その亡命の際に、ロックは完成間近の論文を全て携えていた。そして名誉革命の後に、彼は政府の役人として新たな仕事に就きながらそれらの論文を書き上げ、その後すみやかに公刊した。彼はそれらの論文の中で、知識論、国家哲学、宗教哲学、さらには教育論といった分野でイギリス啓蒙の基礎を築いた。そしてイギリス哲学は、彼によって人間学へと実り豊かな転換を遂げたのである。

ロックの最も重要な功績が、近代認識論を哲学の自立した分野として基礎づけた点にあったことは疑い得ない。彼が『人間知性論』（一六九〇）の中で体系的かつ詳細に探求したのは、人間の認識の起源と確実性さらにその範囲についてである。ロックがとりわけ批判したのは、観念の生得説である。というのも、彼の学説によれば、人間の精神はもともと「白紙」のようなものに過ぎないのであって、外的経験（感覚《センセイション》）と内的経験（内省《リフレクション》）によって初めて、単純観念《アイデア》と複合観念を形成するものだからである。これら二つの観念が真であるのは、無論それらが物の（大きさや数などといった）いわゆる一次性質に関わる場合に限られる。（あたたかさや色などといった）いわゆる二次性質は、われわれ自身によって制約された、われわれの心の表象である。ただし、ロックは数学上の法則と道徳上の法則の認識については経験に依存しない、普遍的に妥当するものと見なしている。それとは反対に、彼はニュートンを高く評価していたにもかかわらず、自然諸科学を実際に証明可能な学問と見なすことはなかった。その後、彼は『人間知性論』第四版（一七〇〇）の中で、理性の役割を〔判断を下すための〕規準として際立たせ、狂信と熱狂を批判した。

ロックの諸思想

ロックはその国家論の大半についても既に名誉革命以前に展開しており、その国家論は新たな君主制を正当化するために、一六九〇年に『統治二論』として公刊された。人間の利害と権利に基づき、立憲君主制を純粋に人間学的に発展させる〔つまり神といった絶対的な権威を用いずに、世俗的に考える〕ために、ロックはホッブズと同じく自然状態を出発点とする。そしてロックはその自然状態を普遍的に自由で平等な平和状態と考えている。国家はある契約に基づいており、市民の生命、自由および財産を守るという目的のみを持つ。そして国家とはその根本において、私有財産を所有する者たちからなる利益集団なのである。その国家が絶対主義に陥らないためには、権力分立が必要である。最高権力としての立法府は、国民もしくは議会の手から離れてはならない。そしてロックの考えによれば、国王は行政権といわゆる連合権を所有しており、連合権とは外交の責任を負うものである。国王は法を侵せば、国家あるいは社会との契約を遵守しなかったという理由で、自身の権利を喪失する。このようにして、契約による制御とその解約可能性を採用したことで、元々は〔ホッブズに見られる〕絶対主義的なものであった契約モデルは、自由主義的なものへとその機能を変更したのである。

また宗教と教育に関するロックの著作も当時、非常に大きな影響を与えた。彼は既に一六八九年に『寛容についての書簡』第一版を公刊したが、その後にそれよりも長い二つの書簡が一六九〇年と一六九二年に出版された。そしてロックはこれら二つの『書簡』の中で、教会と国家の厳格な分離を前提した上で、あらゆる宗教を許容することを要求した。ただし、無神論者とカトリック教徒だけはその例外であった（なぜならカトリック教徒は、外国の指導者である教皇に従順であったからである）。宗教というものは最終的にはプライヴェートな事柄であり、教会は国家と同じく、考えを同じくする市民たちからなる自由な統合体なのである。こうした理解の根本にあるのは、理性と（本来の）キリスト教とが一致することに対するロックの確信である。彼はこの一致について、一六九五年刊行の『キリスト教の合理性』の中でも表明していた。彼にとって（真の）キリスト教とは、ただひたすら神が遣い送った道徳的な教師と立法者に対する信仰のうちにのみある。その限りにおいて、真のキリスト教は、真の理性に由来する自然宗教とも一致する。規範的な理性と本性への〔宗教の場合と〕同じく啓蒙的な回帰は、教育についてのロックの思想（一六九三年出版の『教育に関する若干の考察』）にも見られる。彼はその中で、学校で通例的に行われていた授業を批判している。彼が理想としていたのは、私教育によって自立した社会的な個人へと育て上げられたイギリスのジェントルマンなのである。

　これら全ての著作は、ロックが新しいタイプの哲学者であること、つまり上位中産階級《アッパー・ミドル・クラス》の一人であることを証明している。彼は自分の健全な人間悟性を助けとして、宗教的思弁と形而上学的思弁、さらには自然哲学的な思弁をも全て避け、狂信と心酔を忌み嫌っていた。そして普通に理解できる言葉で、人間に、特に財産と教養のある市民に、進取の気性のある新たな社会の中で自らの思索と行為の方向性を与えようとした。こうして彼は早くも多くの同時代人にとって、哲学の新たな権威となった。彼の批判はたしかに多岐に亘ってはいたが、常に分を弁えたものであった。その際彼は次のような人間像を拠り所にしている。それは、人間を理性的で進歩主義を牽引できる力を持つ、宗教的で道徳的な存在と考える、そのような人間像である。さらに、彼が行なった人間学への転換は当初から既に心理学への転換であり、彼の認識論はほぼ認知心理学であり、要するにわれわれの認識の妥当性を根拠づける、その発生に向けられている。

先ずロックが同時代人たちに影響を及ぼしたのは、特に宗教哲学であったと思われる。彼の宗教哲学は批判されただけでなく、過激なものにもなっていき、その結果、彼は他の者たちと距離を取らざるを得ないと見ていた。彼らとの議論で重要であったのは、一方では自然宗教の理念、他方では信仰の自由と思想の自由に対する権利である。そして宗教哲学は宗教批判へと発展していった。その宗教批判は、内容としては理神論に還元される。すなわち、概して神——その神は人格的なものでもなければ、歴史的なものでもなく、例えば奇跡によって人間たちの生に介入することがない——に対する信仰に還元される。それと同時に宗教批判は、自由思想、そしてついには非キリスト教的な思想に対する権利を主張するまでに徹底化された。

理神論

ジョン・トーランド（一六七〇—一七二二）は、このような考えに基づき、例えば『秘義なきキリスト教』を公刊した（一六九六）。この著作はアイルランド議会によって禁止され、圧政者によって焼却された。トーランドは自分自身を「自由思想家《フリー・シンカー》」と呼び、既に唯物論に接近していた。そして最後は、自分を新たな「汎神論的な」宗教の創立者と理解していた。アンソニー・コリンズ（一六七六—一七二九）は『自由思想論』（一七一三）を著し、自由思想は権威とは無縁のものであり、特に聖書を自主的に正しく理解することだと解していた。マシュー・ティンダル（一六五三／五七―一七三三）は、『天地創造と同じくらい古いキリスト教』（一七三〇）の中で、キリスト教を越えて自然宗教に帰ろうとした。後に牧師になったフランシス・ハチソンは、魔女をめぐる迷信に対する歴史的な啓蒙に尽力し（『魔力に関する歴史的な試論』（一七一八））、この著作は一七二六年に早くもドイツ語に翻訳されていた。それに対して、保守政治家であったボリングブルック子爵ヘンリ・シンジョン（一六七八―一七五一）は、自身は理神論に傾倒していたにもかかわらず、教養階級にのみ自由思想を認めようとした。彼によれば、民衆には政治的な諸理由から宗教による指導が必要であった。

スコットランド啓蒙（1）道徳感覚理論

ロックがなおざりにした倫理学の分野でも注目すべき進展があり、それによりイギリスでは後に広く普及した道徳感覚《モラル・センス》理論が形成された。たしかにこの理論は、既に一七世紀にエゴイズムに関するホッブズの理論に反対する人びとのなかに特に見出されるものだが、一八世紀になってようやく道徳哲学もしくは道徳心理学として主流を占めるようになった。その新たな創立者はアントニー・アシュリー＝クーパー、つまり第三代シャフツベリ伯爵（一六七一―一七一三）である。彼はたしかにはじめはロックの影響下にもあったが、結局はプラトン主義に立脚した神秘的・美学的な哲学に傾倒していった。したがって、ロックとは違い、彼は〈熱狂〉という概念を一貫して積極的なものと理解することができた。真なるもの、善なるもの、そして美しいものに対する感激は、充足した生のための条件である。こうした考えによって彼は、美しいものと善なるものに対する人間の感覚、（たいていは一つのものと考えられていた）美的感覚と道徳感覚を分析するための方法に関心を向ける。倫理学は今や情動に関する理論の中で基礎づけられることとなる。というのも、道徳は理性よりも感情に基づくものだからである。しかしシャフツベリは、独立した〈ジェントルマン・フィロソファー〉として、体系立った学校哲学はおろか全ての体系的思考一般に対して同時代の人たちと自分と同じ地位の人たちが抱いた反感を共有しており、エッセイ（『人間、作法、意見、時代の諸特徴』（一七一一））というスタイルで自分の思想を発展させた。そして、人びとを社交的で有徳な存在者にさせるべく、生活に密着した哲学に尽力した。

感情を重視するシャフツベリの哲学は、一八世紀後半にはドイツでも影響力を持つようになっていた。彼の哲学はイギリスではすぐに多くの支持層を集め、それによりアカデミックな哲学界の中で研究も続けられた。主教ジョゼフ・バトラー（一六九二―一七五二）は道徳感覚を神と良心に帰そうとした。その一方で、出生はアイルランドであるもののグラスゴーで活動していたフランシス・ハチソン（一六九四―一七四六）は、体系立った道徳心理学を打ち立てた。彼は後のスコットランド学派の立役者の一人となり、シャフツベリが時折にしか使わなかった〈道徳感覚〉という概念をさらに発展させた。というのも、彼はこの概念を自然な人間愛と解釈し、美に対する根本感覚に似たものと定めたからだ。美しいものに対する感受性の分析は、今やますます道徳的な感受性ないし傾向性の分析に近づくこととなる。このタイプの哲学は、ハチソン以外には、主に美学に打ち込んだヘンリー・ホーム（一六九六―一七八二）や、倫理学的な問いに特に取り組み、『市民社会史論』（一七六七）の中で既に社会的な進歩の歴史についても書いていたアダム・ファーガソン（一七二三―一八一六）によって、とりわけスコットランドへの広がりを見せた。後に特に政治的な著作家として名声を博したアイルランド人のエドマンド・バーク（一七二九―九七）は、彼の初期の著書『崇高と美の観念の起原』（一七五七）に関していえば、この思想圏内で活動していたのである。

シャフツベリとその支持者たちの楽観主義的な道徳感覚理論に真っ向から対立する立場を表明した代表的人物のなかで特筆すべきは、ロンドンで医者をしていたバーナード・デ・マンデヴィル（一六七〇―一七三三）であった。一七一四年に出版された『蜂の寓話――私悪すなわち公益』の中で、彼は次のような理論を立てている。それは、人間というものは根本的に利己的に振る舞うものであって、社会的な徳が必要不可欠なものであるのは当然ではあるが、それは私悪を偽装することにだけ役立つ、というものである。それにもかかわらず、最終的には全ての人間のエゴイズム、そのなかでも奢侈志向によって社会全体は利益を得る。ただし、国家は例えば厳罰化により犯罪が蔓延しないように配慮する必要はある。

バークリ

理神論者たちが宗教哲学的な議論を徹底し、シャフツベリが道徳哲学的で美学的な議論を起こした一方で、認識論の分野でも重要な進展があった。その進展は、たしかに内容的にはロックの主張を受け継いだものではあったが、意図としては彼の啓蒙主義的な計画とはむしろ矛盾をきたすものであった。アイルランド出身で、主に伝道者と司教として活動したジョージ・バークリ（一六八五―一七五三）は、宗教に批判的な近代の啓蒙家たちを「小粒な哲学者たち」と見なし嫌悪していた。彼にとっては近代の自然科学も上っ面の認識に過ぎなかった。彼の理論的な出発点は、意識における表象（知覚《パーセプション》）の事実である。例えば一七一〇年に公刊された『人知原理論』の中で彼が詳述している理論に従えば、本来はただ自ら自身を意識している何らかの魂もしくは精神しか存在していない。われわれはたしかに物体の表象を持ってはいるが、事物は現象に過ぎず、事物はただ知覚されるもしくは表象されることでのみ存在する。物体界の実在的な存在を証明するものなど存在しない。それゆえに、存在は知覚するもしくは知覚される限りで存立する（「存在とは知覚されること、または知覚することである」）。われわれの表象の唯一の現実的な外的原因は、絶大な力を持った精神、つまり神自身でしかあり得ない。バークリは、この現象主義（唯心論もしくは非物質論）によって懐疑主義と物質論を克服し、そうして神と真なる信仰を守ろうとする。この点に関して彼はたしかに後継者たちを得ることはなかったが、その論証の構造から言えば、彼の行った認識批判は認識論のその後の進展において、重要な一段階となるのである。

　バークリの「健全な形而上学」は、本質的には意識の分析を事としているがゆえに人間学と心理学を基礎としている。したがって、たとえ彼が意図したことではなかったにせよ、彼が争った新しい哲学を基礎としているのである。この新しい哲学は、細かい点では議論の余地はあるものの、基本的に人間の心ないし意識に焦点を当てていたという点では、既に一八世紀初頭からイギリスでその価値が認められていた。（神学と自然哲学という）古い形而上学の問いは、今となっては時代遅れなのである。人間学は形而上学にとって代わる形で残り、心理学、殊に道徳的・美的な評価に関わる心理学が形而上学の新たな代理物となる。近代自然科学は、一般的にはたしかに高く評価されてはいたが、経験的な研究者たちに引き渡され、同時に（古い形而上学的な観点から見れば）現象を単に認識するものとして、真なる学問とは区別されるようになる。経験の認識は、ただ一過性の表層的な知を提供するだけであり、それゆえに経験主義は既に自ら自身を越えたものを指し示しているのである。それにより、いわゆるわれわれの認識の妥当性に関する問いがますます差し迫ったものとなる。同様のことは、道徳の基礎に関する問いについても言える。理神論と自由主義が宗教と政治の世界で自明過ぎるものとなる一方で、倫理学の基礎づけ——さらには美学の基礎づけもますます問われるようになる——は依然として蓋然的なままである。意識に関する真に道徳的な事実とは何であるのか、また道徳を〈道徳感覚〉（そのようなものがそもそも存在するとして）に帰することで十分なのか。イギリス哲学は、こうしたあらゆる問いによって、世紀の中盤を待たずして危機に陥ることとなるのである。

スコットランド啓蒙（2）ヒューム

エディンバラ出身のデイヴィッド・ヒューム（一七一一—七六）は、当地で法学を少し学んだ後にフランスに移り住み、そこで最初の哲学的著作『人間本性論』を執筆した。この著作は一七三九年と四〇年に二回に分けて公刊されたが、期待した賞賛は得られなかった。彼はエディンバラ大学の道徳哲学の教授職にも応募したが、良い結果は得られなかった。その後彼は自分の著書を書き改め、それを幾つかの小論に分けた。周知のようにその一つが『道徳・政治論集』（一七四一／四二）であり、これは人びとの注目を大いに集めた。そして書き改めた小論の中で最も重要なのが『人間知性研究』（一七四八）である。ヒュームは今度はグラスゴー大学の教授職をもう一度求めたがこれも上手くいかず、その後数年間エディンバラで図書館長を務め、そこで特に歴史研究に取り組んだ。

ヒュームもまた、知性の立場から哲学を展開しようとし、それゆえにあらゆる学校哲学、そのなかでもとりわけあらゆる形而上学に対抗した。彼はあるがままの人間のための哲学とそのような人間についての探究に勤しんだ。彼にとって哲学とは本質的に分析的な人間学である。ヒュームが抽象的で専門的な哲学――そこで問題とされるのは、思惟と行為の原理である――と、どちらかと言えば人びとの心に適い生活に密着した哲学――これは、常識にのみ訴える、大衆向けの徳の教師のものである――の中道をも模索していたことは確かである。このように徹底的であると同時に普通に理解できる哲学は真に公益的なものでもあろう。つまり、このような哲学は政治と道徳のためのものであり、特に健全な懐疑によって迷信を撲滅するのに役に立つものであろう。そして彼は折に触れて、こうした〈人間学的な〉原理の認識をたしかに「健全な形而上学」とも名づけていたのである。彼が最も望んだのは、〈モラル・サイエンス〉のニュートンになることであったであろう。

ヒュームが認識論の中で探究したのは、われわれの表象の起源であり、それはわれわれの知識の境界を画定するためであった。彼は感覚印象（印象《インプレッション》）と思考（観念《アイデア》）を区別し、全ての観念を外的経験に帰した。われわれの観念は、われわれの感覚印象が想起された微弱な像に過ぎず、思考作用にできることといえば、これらの観念を秩序づけることだけである。それにより、経験主義は感覚論に移り変わり、知性は単なる下位の器官となる。われわれの表象は今や全て連合の法則によって結びつけられる。すなわち観念間の類似、時間・空間における隣接、そして原因と結果の関係である。因果原則の観念が習慣に、すなわち経験の反復に帰せられなければならないのはもちろんである。これにより最後は認識の確実性は全て揺さぶられることとなる。科学的な認識の妥当性どころか外界の現実存在に関してすら、今や「緩和された懐疑論」のみが可能であるように思われる。したがって、認識の出発点である経験はおろか、感覚論へとさらに展開していった経験主義そのものも問題となることは確かである。その一方で、われわれの認識の妥当性についてのこうした懐疑は、ヒュームにとっては純粋に理論的なものである。つまり生活世界と同じく科学においても、事物の現実存在とそれを規定する因果性に対する自然的信念は十分にある。その限りにおいて、懐疑論になってしまった啓蒙は、日常の実践を前にしたときには新たな実証主義に転じ、実質的には、形而上学に対して経験主義が抱く敵意が理論そのものに対する敵意だということをより一層証するようになる。その際、認識についてヒュームが主張した認識の認識としての地位が不明なままであることは確かである。

イギリス啓蒙における哲学の歴史はたびたび認識論の歴史として、もしくはロックからバークリを経てヒュームへと至る経験主義の歴史として描写される。こうした描かれ方は、概して近代的な認識論的ないし科学論的な視点からのものであり、このように描かれることで次の二つのことが覆い隠されてしまう。それは、第一に諸々の認識論は当時の哲学的な議論の一部を構成しているに過ぎなかったこと、そして第二に、その時々の諸理論のモチーフは多様を極めていたということ、である。人間知性もしくは人間本性についての彼らの考察が持つ意味というものは、多少の差はあれ彼らの明白な意図から初めて解明される。すなわち、その意図というのは、ロックの場合は独断論との闘いにあり、バークリの場合は無神論との闘いにあった。それに対して、ヒュームはロックとバークリを早くも、いわば啓蒙と反啓蒙という形で、批判的かつ懐疑的に考察している。ヒュームは実際に確実な認識を全て疑い、あらゆる啓蒙に本質的な前提に破壊の手を伸ばすのである。

倫理学においては、ヒュームは既にシャフツベリとその支持者たちが打ち出していた心理学的分析の道をさらに進んだ。ただし、この場合もしっかりとした懐疑が忘れられることはない。彼によれば、道徳の基礎は理性にあるのではなく、理性そのものが傾向性と情念に依存している。いわゆる理性というものは、抑制された情動に過ぎず、自由というものは幻想に過ぎないのである。しかし人間は自らの反省能力を使って次のことを知ることができる。それは、己のエゴイズムを制御することにより、つまり徳により、例えば暴力によるよりも多くのことを達成し、それゆえに道徳の基礎づけは自分自身の真の利益の認識である、ということである。しかしヒュームはこうした功利主義を、非利己的な衝動の存在も想定することにより再び越えていく。われわれのなかには善きものと有用なものへのある種の自然な感情が存在し、われわれを徳へと動機づけるような、他者への善意ももともと存在しているのである。道徳哲学的な実証主義への傾向を持つこの道徳心理学については、この当時に重要度を増していたスコットランド学派によってそれ以降さらに議論されることとなる。

宗教哲学へのヒュームの寄与も、同時代の人たちにとっては重要であった。彼は先ず『自然宗教に関する対話』（これは、一七五一年から既に書かれ始めていたが、彼が逝去した三年後にようやく出版された。なぜなら彼はこの著作を公刊するつもりがなかったからである）の中で、理神論が投げかけた、人格神の実在とその認識の問題について、懐疑の念を大いに抱きつつ議論した。しかしその後、彼は『宗教の自然史、情念の自然史、悲劇の自然史、趣味の基準の自然史』（一七五七）の中で、宗教そのものを歴史的なものと見なし、しかもいわゆる自然史の意味でこのことを考えている。彼は多神論を今や、不安と願望から成る、全ての宗教性の根本形式として記述した。そして彼によれば、一神論とは自分たちの神を最高のものと考えたい欲求から生じたものである。それゆえに様々な宗教を比較することで、われわれはそれら宗教の内容と形式に対する懐疑へと、そしてそれと共に哲学へと導かれ得る、というのである。

スコットランド啓蒙（3）スミス、ベンサム、リード

ヒュームの哲学は、とりわけ彼の郷里であるスコットランドにおいて、さらなる議論の機縁となった。彼の哲学は、ひょっとするとイギリスの後期啓蒙、より正しくはスコットランドの後期啓蒙にとって最も重要な起点となるものなのかもしれない。後期啓蒙の中心地はエディンバラ大学であり、

それ以前のイギリス啓蒙とは対照的に、後期啓蒙は学術的な性格をより強めていくこととなる。とはいえ、後期啓蒙もその出発点となった立場にとらわれたままであり、それゆえにことさら反形而上学的で心理学的な性格を保持していた。後期啓蒙において理論的に特に再検討されることとなるのが、共通感覚《コモン・センス》と道徳感覚《モラル・センス》の概念である。そして、ヒュームの最大の支持者は彼の友人であったアダム・スミス（一七二三―九〇）であり、最大の対立者はトマス・リード（一七一〇―九六）であった。

グラスゴー大学の教授として教鞭をとっていたアダム・スミスは、元々道徳哲学者であり、人間は生まれつき利己的であるだけではなく、他者に対して共感する存在でもあると考えていた。彼によれば、「公平な観察者」がよいと見なすであろうものがよきものである。しかしスミスは、一七七六年に「諸国民の富の性質と諸原因についての一研究」というタイトルで公刊した国民経済の理論で有名になった。この理論により、彼は自由主義経済理論の創立者となった。スミスによれば、各人は獲得への自然な衝動を有しており、それに由来する労働はあらゆる富の源泉であり尺度である。各人が私利を追い求めるのはよきことであり、この追い求める力の戯れが妨げられなければ、諸々のエゴイズムは、いわば「見えざる手」によって自然な仕方で導かれ調整される。この社会哲学は、最大多数の最大幸福を善の指標としたジェレミー・ベンサム（一七四八―一八三二）によって、それ以前には既にハチソンがそうであったように、功利主義的に、そして実証主義的に更なる発展を見せ、一九世紀の思想的権威となった。ベンサムは特に監獄の改良についての彼の構想〔すなわち一望監視施設《パノプティコン》のこと〕によって、現在でもよく知られている人物である。

トマス・リードは、ヒュームの認識論的な懐疑主義を馬鹿げたものとしそれと闘った人物である。その彼も根源的な道徳感情と美的趣味の表象に固執し、この美的趣味をしかし認識能力にも転用した。彼は『常識原理に基づく人間精神の研究』（一七六四）の中で、われわれの認識能力もある公理を、健全な人間悟性のいわゆる諸原理を意のままに処理することができる、もしくはそれら諸原理、例えば論理的な根本法則や因果性の原理は内的経験によって発見できると想定していた。真なるもの、美しいもの、そして善きものへのこうした根本的な感覚は、内的経験によって認識できる意識の事実、共通感覚である。それにより、イギリス啓蒙は最後にはある種の仕方で最初にロックが撲滅しようとしていた生得的な諸観念に帰っていくこととなる。しかし、これら諸観念は今や純粋に心理学的な諸事実と見なされることとなるのである。

3　散文めいた徳からダーク・ロマン主義へ

芸術と文学

文学と哲学とが大抵の場合強く手を取り合っているフランスとは違い、イギリスでは、この二つは啓蒙の精神において長い間調和的な関係にあったとしても、はっきりと分離したままである。芸術と文学が共通して関心を向けている分野である美学が一方にあり、他方に哲学があるが、その美学の分野においてですら文学と哲学が実際に手を取り合うことはなかった。哲学的美学は、芸術と文学についての美学的研究に関わる具体的な問いにとって有益であるには、たいていの場合余りに一般的過ぎた。したがって、哲学による主観的な美学は、芸術と文学についての客観的な美学に実際に手をつけずにいた。そこで芸術と文学ははじめからその独自の道を歩んだ。すなわち、伝統的（古典主義的もしくは新古典主義的）な内容と形式から、近代的（ロマン主義的）な内容と形式への道を歩んだのである。

名誉革命後の最初の一年は、物質的にも精神的にも飛躍の一〇年であった。フランスとの戦争には多大なエネルギーと資本が費やされたものの、それにより得た軍事的・外交的な成功は、最終的には経済的な成功をももたらした。イギリスは一世代で政治色と宗教色の強い社会から、特に貿易が決定的な役割を果たす、初期自由主義的・初期資本主義的な収益重視の市民社会へと変貌を遂げた。たしかに貴族的な生活様式は、未だ文化の模範として通用してはいたが、上流貴族なるものは、見る見るうちにその権力を失っていった。それと同時に、もはや科学の進歩のみにとどまらず、経済的かつ技術的な進歩を目指す利己的な経済的思考が、生活の動機としてますます広く認められていった。それにより、自負を持った市民たちの新たな生活様式も形成された。イギリスで特にはっきりと目立ってきたのは、新たな時代の散文的な精神であり、これが哲学のみならず文化全般にも広がったのである。この精神が貴族的で宗教的な古めかしい生活世界を破壊すると同時に、世俗的で市民的な新たな文化をも可能とし、これにより世界的に成功を収めた新たなジャンルの文学も可能となったのである。一七世紀の古典主義は、貴族的なものから次第に市民的なものに変貌を遂げたとはいえ、多くの分野ではそれでもまだ長らく規範的なモデルであり続けていた。このことは特に造形芸術の世界に当てはまることであるが、文学界もそのことに変わりはなかったのである。

もっとも、文学は極めて多様に展開された。叙情詩は啓蒙時代の前半ではほぼ完全に欠落していた。また悲劇と優れた喜劇の偉大な演劇の時代も今やさしあたりは過ぎ去ったようである。しかし、喜劇に対する関心と悲劇に対する関心との間には明らかに違いもあった。ジョージ・リロ（一六九三―一七三九）の『ロンドン商人』（一七三一）のように散文で書かれた市民悲劇の最初の上演は、当初はほとんど功を奏さずにいた。その一方で、イタリア・オペラのパロディであるジョン・ゲイ（一六八五―一七三二）の『乞食オペラ』（一七二八）は、世界的な大成功を収めた。悲劇が秩序と理性に立脚していた市民の生活感情にふさわしいものでなかったことは明らかである。市民感情の危機は劇作にではなく、風刺もしくはメランコリーにつながることもあり得た。ただし、市民が抱く幸福と道徳のイメージが脆いものであることは、まさしく『乞食オペラ』の中で既にことのほか明瞭にされている。

感情と想像力により強く訴えかける叙情詩やドラマと違い、とりわけ知性に訴えかける教訓詩は、新たな時代精神に極めてふさわしいものであったように思われる。教訓詩で重要とされたのはただ、理性的なものと有用なものを絶妙に表現すること、あるいはこの二つを好ましい形でまとめ上げることだけであったように思われる。アレクサンダー・ポープ（一六八八―一七四四）は正真正銘、教訓詩の巨匠である。修辞的な優雅さという古典主義的理想に幼い頃から魅了されていた彼は、この理想を『批評論』（一七一一）の中で適切な韻文で表現しようとした。幼少時からして既に病弱で不具であった彼は、カトリック教徒として高等教育からは完全に締め出されていた。ポープは自然と理性（良識《グッド・センス》と常識《コモン・センス》）を、また古代の模範と育ち《グッド・ブリーディング》のよさを賛美した。芸術の本質とは、彼にとっては、きわめて秩序だった模範的な自然を模倣することにあり、そのような芸術のあり方は、彼が模範とする古代において既に、彼の時代と全く同じく通例のことであった。彼はこの後に出版されたさらに著名な教訓詩『人間論』（一七三三／三四）の中で、イギリス啓蒙が持つ中心的な志向を次のように表現している。すなわち、「人類の真の研究対象は人間である」。しかし人間はあらゆる存在者の巨大な鎖を構成する一成員に過ぎず、その調和の取れた結びつき全体の中で、小さな諸々の災禍は相殺されているのである。人間は徳、すなわち自己愛と隣人愛との統一によって幸福になるのであろう。その他には、われわれはある新たな時代の中で生きており、その時代には新たな科学が新たな光を投げかけているのである。「自然と自然法則は夜の闇に隠れていた。神は言われた、〈ニュートンよ、あれ！〉と。すると、全てが光となった」〔ポープによるニュートンの墓碑銘〕。第一原因に従事していた形而上学としての哲学は事ここに至っては、第二原因にのみ従事していた物理学に有利な結果になるような形で消滅してしまったのである。

しかし、あからさまに見せられた〔人間〕存在への信頼は、ポープの性格の一面に過ぎず、洗練し尽くされた彼の古典主義は、彼の才能の一面に過ぎない。彼は皮肉な態度で社会と距離をとり、とりわけ近代の収益重視の社会に対して「貴族的な」軽蔑の眼差しを向けることで、筆鋒鋭く人間の弱さを暴露する偉大な皮肉屋・風刺家になった。彼は、ふざけた、喜劇的・英雄的な叙事詩『髪盗人』（一七一二）の中で、バロック様式の英雄詩を皮肉って大きな成功を収めた。その後に書かれた風刺詩『愚物列伝』（一七二八）では、彼は自分を批判する者たちを「うすのろたち」と嘲笑している。それどころか、彼はこの中で愚鈍と無知の新たな時代が身に迫ってきているのを見ている。しかしポープは感傷的過ぎる自然叙情詩も書くことができた。彼は自分の家屋敷の庭を、有名になった洞窟をあしらったいわゆるイギリス風景式庭園に変えた。

　教訓めいた韻文詩は一八世紀の発明ではなく、実際は既に死に瀕した芸術形式であった。将来にふさわしいものは散文によるエッセイであり、そのエッセイはイギリスでは既にポープの時代には、特に雑誌の中で作り上げられた。それら道徳週刊誌《モラル・ウィークリー》は、特にイギリス啓蒙に典型的なものであり、この時代に影響力のあるものであった。こうした刊行物のねらいは教導と娯楽、そしてとりわけ徳の指導にあった。そして理性を基盤とする、魂への精神的な配慮を部分的に補うものであった。道徳週刊誌は新たな政治ジャーナリズムの産物であるが、それを生み出したイギリスでは、大陸のものを模倣したものというよりは、より政治的な類いのものでもあったのは確かである。これらの週刊誌は、厳格な出版法（特許検閲法）が一六九五年に廃止され、今や長期化することも多くなった議会選挙により可能となったものである。大きな政党の指導者たちは、自分たちのために優秀なジャーナリストたちを囲い込む必要があることにすぐに気づいていた。そして、同時にジャーナリストの多くがトーリ党とホイッグ党のために記事を書いた。

デフォーとスウィフト、ジャーナリズムと小説

ダニエル・デフォー（一六六〇—一七三一）は、小市民的な境遇の生まれである。彼は非国教徒の息子で、十分な学校教育を受けることなく、生涯を通してずっと向こう見ずで、精神的に不安定であった。彼の最初の文学的な習作のなかに、韻文調の風刺詩『生粋のイングランド人』（一七〇一）がある。その中で彼はオラニエ公ウィレムに対する国家主義的な偏見を嘲笑し、多大な成功を収めた。アン女王（在位一七〇二—一四）が即位した後に、国教会の内部で非国教徒たちへの反対キャンペーンが始まったときには、彼は第二の風刺詩『非国教徒撲滅の一番の早道』（一七〇二）を書いた。これはトーリ党によって最初はまじめな刊行物と誤解され、真相が明らかになったときに彼は投獄され、さらし者となった。トーリ党の幹部の一人（ロバート・ハーレー）が最終的には彼をその状況から解放し、新しく創刊された雑誌『レヴュー』のために採用した。この雑誌は、その後九年間（一七〇四—一三）多かれ少なかれデフォー一人によって書かれた。この雑誌が取り扱った主題は政治以外には、一般社会に関わる事柄であり、こうした事柄は今やロンドンの新しいコーヒーハウスの至る所で議論されるようになったのである。

イギリスのジャーナリズム、そのなかでも特に道徳週刊誌が興隆する時代はこのように始まる。しかし、そうした週刊誌が型として定着したのは、教養豊かな役人ジョゼフ・アディソン（一六七二—一七一九）と元軍人リチャード・スティール（一六七二—一七二九）の不釣り合いなペアの出現によってである。別の分野でも文筆活動を行なっていたこの二人の著者は、スティールが編集した雑誌『タト

ラー』（一七〇九―一一）で先ずは活動し、その後一緒に日刊紙『スペクテイター』（一七一一―一二）を編集した。『タトラー』は政治から流行にまでわたるニュースと論文が様々に混ざり合ったものであったが、『スペクテイター』は完全に文芸批評に特化したものであった。この日刊紙では、単なるエッセイの他に書簡形式を取ったエッセイも既に洗練されたものとなっていた。完全に架空の人物や団体が登場することで、掲載されている論考は生き生きとして楽しげなものとなっていた。この共同作業の後、スティールは短い間ではあったが雑誌『ガーディアン』（一七一三）をもう一度一人で手がけたが、大した成果を収めなかった。

道徳週刊誌は、似たようなものが数多く生み出されたにもかかわらず、個々の雑誌に関しても、ジャンルそのものに関しても、比較的短命に終わった。こうした雑誌がこの当時世論《パブリック・オピニオン》を新たに形成する上で当初重要な役割を果たしていたことは間違いない。そして政治的な宣伝のためにも、新たな哲学の使命の宣伝のためにも寄与した。アディソンは『スペクテイター』の中で誇らしげに次のように述べている。「わたしは、社交場や集会、それにお茶の席やコーヒーハウスで話し合うために、哲学をクローゼットと図書館、それに学校と大学から持って来た」。こうした道徳週刊紙面が読者の知的な文化、とりわけ道徳的な文化を気にかけることによって引き受けたのは、宗派的な教会によってはもはや満たされ得なかったように見える課題であった。ところで、こうした紙面の記事は、女性教育の主要源泉でもあった。というのも、女性たちは普通教育の課程からは依然として締め出されていたからである。

イギリス啓蒙の文学について最も意義深く、かつ依然として影響を及ぼしている成果といえば、やはり大衆小説の発明であり、それは著者たち自身によって「新種の作品」と理解され、あっという間に卓越した作品群が創作された。それらを今日に至るまで作り上げてきたのは、散文文学という新しいジャンルであり、これは韻を踏んだ洗練された叙事詩に代わり登場したものである。様々な人物モデルを堅苦しくない形で提供し、古典主義的な愛の物語や冒険譚を越えて、あらゆる種類の考察のための場、特に道徳的・心理学的に見るための場が十分に与えられたのである。しかし小説は、先ずは韻を踏んでいない冒険譚と散文的な風刺文学という形をとって発展した。

最初の、そしてひょっとすると語りの才能に最も恵まれた者は、ジャーナリストで風刺作家でもあったダニエル・デフォーかもしれない。ペストの大流行をめぐる彼の報告『疫病流行記』（一七二二）が特に示しているように、彼には他に類を見ない感情移入の力があった。彼は手に汗握るような物語ときめ細やかな叙述と教化的もしくは教訓的な論述とを適切に結びつけることで読者を虜にした。一七一九年に連載ものとして公刊された『ロビンソン・クルーソー』は、とてつもない成功を収めた。デフォーが描くのは、無人島に漂着した一人のイギリス小市民が冒険家から誠実で有徳な人間に成長していく――この小市民はさらに一人の非ヨーロッパ人を堅実なキリスト教徒にし、ジェントルマン〔＝ロビンソン〕の忠僕にする――物語である。デフォーは自分の小説はノンフィクションだと言い張っている。そしてこの小説はフィクションの旅行記として、色々な意図をもって模倣されることとなったのである。

ダニエル・デフォーとは全く違う人物で小説家であったのが、アイルランド出身のジョナサン・スウィフト（一六六七―一七四五）である。彼は国教会の司祭であり、学術的な教育により、社会の上流グループに所属していた。それにしても、彼は自分の行き過ぎた合理主義と道徳主義により人間というものを大いに軽蔑していた。彼は、しばらくは政治的な栄達を望み、ジャーナリストとして活動し、ホイッグ党からトーリ党に鞍替えし、雑誌『エグザミナー』（一七一〇／一一）を編集していたが、その人間嫌いのゆえに、とりわけ風刺作家であった。彼は一七〇四年に『書物合戦』と『桶物語』という二つの風刺小説を匿名で出版した。文学的な風刺小説『書物合戦』は、フランスで二〇年来争われていた新旧論争を皮肉ったものである。近代の知識人たちに対する軽蔑心から、彼は自分が自然への真なる愛着を認めた古代に与している。宗教と〔近代〕文学を風刺した作品『桶物語』が批判するのは、イギリスの諸教団と近代の学問である。信者たちがファナティックであればあるほど、学者たちは小事にますますこだわり、風変わりになっていく様が描かれている。

トーリ党が敗北した後、スウィフトは一七一四年に終に郷里の地ダブリンに戻った。彼は当地でアイルランドを政治的に擁護する以外は、特に彼の最も偉大な風刺文学の執筆に身を捧げた。それが「ガリヴァー旅行記」というタイトルで一七二六年に匿名出版されたものだ。この架空の旅行記の中で報告されているのは、リリパット国の小人たちやブロブディンナグ国の巨人たち、そして最後は、開化された理性によってのみ行動する賢馬たちがいるフウイヌム国といった、ガリヴァーの異国へのフィクションの旅についてである。これらの世界を描き出すことで、スウィフトは人間全体を絶対的に邪で汚らわしく、思慮を欠いた存在として見せる視点を獲得する。彼は理性と道徳を要求することでペシミズムに陥り、最後は精神錯乱状態に陥ることとなる。

スウィフトとデフォーは、栄華を誇った小説技法と特にイギリス小説の基礎を築いた。ただしイギリス小説の発展は、サミュエル・リチャードソン（一六八九―一七六一）とヘンリー・フィールディング（一七〇七―五四）によって既に新たな時代に入っていた。要するに、一七四〇年頃には既に、健全な人間悟性と自然な道徳という二つの希望の楽観的な結びつきがあからさまに解体し始めたのである。経験に支えられた理性という認識力は、哲学者たちの間でますます疑わしいものになっていくだけでなく、徳も感傷的な心の問題になっていくように見えるのである。哲学と文学は新たな道を歩み始める。イギリスでは、哲学と詩作はそうでなくともはっきりと分かれていたが、一八世紀の中頃には、この二つはそれ以上に部分的には対立し合う方向に展開していくように思われる。すなわち、哲学と諸科学がますます実証主義的になる一方で、文学はますます情緒的に、そして夢想的《ロマン》になっていくのである。しかし、ひょっとするとこの場合には補完し合う展開こそが重要なのかもしれない。哲学の実証主義的な科学化が、発展し続ける産業社会という新たな現実を既に映し出している一方で、詩は先ずは道徳的な感傷の中で、次に憂鬱な自然叙情詩とダーク・ロマン主義〔ロマン主義の文学的亜流の一つ〕の中で、この現実社会に対抗する世界を創り出そうとしていたのかもしれないのである。それでも看過してはならないのは、哲学と文学は、感覚の研究では共通する対象を扱っていたということである。

リチャードソン

サミュエル・リチャードソンは、（教化的な）冒険物語から心理小説への一歩を踏み出す。小市民的な境遇に生まれ、印刷業者・出版業者として財産を手に入れた彼も、既に道徳週刊誌におけるアディソンとスティールに見られたように、書簡文体という文学形式を好んでいる。彼は書簡上の習慣における教訓を示す『模範書簡集』（一七四一）を著し、その後にようやく著述に至る小説を書簡体小説とすることを構想している。そのときの彼のほぼ唯一の関心事といえば、それは徳の可能性であり、特に誘惑的あるいは悩ましい女性の無垢である。たしかに彼が描いた徳は理性に対応し、情念の制御を要求しはするが、その徳は同時にまさに感傷的になって涙ぐむ感情（「徳の感傷」）の対象でもある。徳と報いに関するまさに素朴な道徳的な打算にまで至る、あらゆる実践的な問いにおける健全な人間悟性は、極度の感受性と正確な自己観察と結びつく。こうした視点から初めて女性（の心情）というものが事細かく描写される形で、小説の中心人物として登場する。もっとも、ほとんどの場合女性は自立的に振る舞う人物としてではなく、むしろほぼ常に悩みの種を抱えた、受動的な犠牲者として登場する。それとは対照的に、たいてい邪な男性たちはむしろ影のような存在であり続ける。ただしリチャードソンは当時の時代にとって重要な発展を成し遂げる。彼は先ず小説『パミラ、あるいは淑徳の報い』（一七四〇）を著す。その小説の中では、不道徳な雇い主に悩まされている若い女中（であるパミラ）はあらゆる誘惑と付回にあらん限り抵抗し、それどころか最後にはその雇い主を回心させてしまう。ヒロインはその報いとしてその後彼と結婚し、徳と幸福は両者にとって驚く形で一つのものとなる。その後に出された七巻本の小説『クラリッサ、あるいは若い女性の物語』（一七四七―四八）では、二人の有徳な女性と二人の不品行な男性が『パミラ』と同じく対決させられる。この小説の中で勝利を収めた誘惑者はたしかに幸せにはならなかったが、物語は先ずもって、純真ではあったものの節操を完全に守ったわけではなかったヒロインの悲劇的な死によって幕を閉じる。それにより「徳の感傷」は、彼岸的な正義への望みによってただ必死にバランスを取るという、メランコリーを帯びた新たなアクセントを獲得するのである。

フィールディング

ヘンリー・フィールディングはロンドンの裁判官であった。彼はたしかに道徳主義者でもあったが、当時の支配的な道徳の偽善ぶりを見抜き、たしかに極めて大まかに考えられてはいるものの、自然な道徳を擁護した。彼の最初の小説『ジョゼフ・アンドリューズとその友エイブラハム・アダムズの冒険譚』（一七四二）――その冒頭はリチャードソンの『パミラ』を皮肉ることにねらいが置かれている――が描いているのは、〔奉公先の〕女主人の誘惑から逃げ惑う有徳な主人公の奇妙な冒険である。しかし、まさに滑稽な人物として共感の担い手となる、浮世離れしたイギリスの地方牧師〔彼の昔の学校の先生アダムズ牧師〕が主人公を援助する。それにより、人間の新たな次元が可視化されることとなる。それに対して、波乱に満ちた小説『捨て子トム・ジョーンズの物語』（一七四九）の主人公は、様々な非行に襲われるがままであるが、フィールディングによれば、よき本性《グッド・ネイチャー》の持ち主であるがゆえに、ハッピーエンドによって報われることにもなる。こうした幾分弱い道徳はとりわけ、社会の見せかけの道徳の喜劇的な暴露と小説中の奇想天外なエピソードにより隠されているのである。

ジョンソン、スモレット、スターン

当時イギリスで最も著名な文芸批評家のサミュエル・ジョンソン博士（一七〇九―八四）が既に断言せずにはいられなかったように、読者は明らかに小説への愛着を持っていた。たしかにジョンソン自身はじめは『ランブラー』（一七五〇―五二）という彼自身による雑誌において、その後は『ユニヴァーサル・クロニクル』（一七五八―六〇）に掲載された「アイドラー」というコラムにおいてといったように、道徳週刊誌のための文学的エッセイを通じて、そしてさらに最初の『英語辞典』（一七五五）の著者として有名になった。その一方で彼の風刺詩『人間の願望の空しさ』（一七四九）は、比較的つましい成功で終わった。もっとも、一八世紀のイギリス小説は、リチャードソンとフィールディングによって既にほぼその頂点に達していた。道徳的な冒険小説の系譜は、たしかにトバイアス・スモレット（一七二一―七一）によって引き継がれ、彼の冒険小説『ロデリック・ランダム』（一七四八）は名声を保ち続けている。また感傷的な心理小説の系譜は、オリヴァ・ゴールドスミス（一七二八―一七四）によってもさらに進められた。彼の『ウェイクフィールドの牧師』（一七六六）の中では、徳の至福と涙の至福の結合がほとんどもう凌駕できないほどの頂点に向かっていく。しかしその一方で、イギリス小説の印象深い発展は既に批判的に反省もされ、小説そのものが再び文学的に茶化されてもいたのである。ローレンス・スターン（一七一三―六八）は、一七六〇年に未完の小説『紳士トリストラム・シャンディの生涯と意見』を刊行し始めた。この小説は〔脱線に次ぐ脱線を持ち込み〕わざと混乱を作り出すことで、小説執筆の、それどころか意思疎通一般の不可能性を、もしくはその無意味さを皮肉的に明らかにしている。このことはその後、スターンが最後にさらに『フランスとイタリアを巡るセンチメンタル・ジャーニー』（一七六八）の中で描写していたように、自然と調和した感傷的な生への希望へと導いていくのである。

ヤングとグレイ

しかしそれにより、感傷が徳との断ち難い関係から解放され始めるようにもなる。感情はそれ自体としてますます関心を集めるようになり、殊にロマン主義的な感情あるいは不気味な感情がそうである。そういった感情は理性との積極的な関係をもはや持たなくなり、今やそれどころか理性と対立関係にあるものとして登場する。おまけに、この新たな感傷は今や自然体験というある新たな形式と一つになる。自然は詩作において常に大きな役割を演じていたが、イギリスでも自然は一八世紀最初の一〇年間は、田園詩や牧人文学に見られるように、とりわけまだ牧歌的で理性的、そして調和的な自然として立ち現れており、文化批判も素朴な自然に対する感激と容易に結びついていた。しかし既に早くもおよそ四〇年代には、自然は人間文化の廃墟と結びつき、不安な、もしくは憂鬱な暗い感情を映し出したものと化してゆく。国教会の聖職者エドワード・ヤング（一六八三―一七六五）は『生と死と不死についての夜想』(一七四二―四五)を、そして最後はケンブリッジ大学の教授であったトマス・グレイ(一七一六―七一)は一七五一年に有名な『田舎の墓地で詠んだ挽歌』を、それぞれ公刊した。こうしてメランコリーは啓蒙の時代のまっただ中で「イギリス病」となり、多くの作家が精神錯乱に脅かされるか、実際にそれに飲み込まれてしまったのである。

ゴシック趣味

このような連関の中で、古典期以前の純然たる、あるいは純然だと言われている民衆文学への回帰も起こってくる。それは、特に中世文学、スコットランド文学、そしてケルト文学への回帰である。ジェイムズ・マクファーソン(一七三六―九六)は『古詩断片集』(一七六〇)を公刊し、トマス・パーシー(一七二九―一八一一)は『古英詩拾遺集』(一七六五)を書いた。こうしたことは〈ゴシック趣味《ゴシック・テイスト》〉に同時に対応する。ゴシック趣味は今や建築から文学にまで波及し、〈ゴシック小説《ゴシック・ノヴェル》〉というジャンルを作り出す。中世風の城を建てさせたホレス・ウォルポール(一七一七―九七)は、一七六四年に『オトラント城』を公刊した。それによりイギリスでは既に早くからダーク・ロマン主義という形式が始まっていたのである。それは後に初期ロマン主義とも呼ばれたものである。ウィリアム・クーパー(一七三一―一八〇〇)やロバート・バーンズ(一七五九―九六)といった詩人たちによって、今や全く新たな心の雰囲気と自然の雰囲気が生み出されてくる。啓蒙の時代は明らかに終わろうとしている。そしてフランスで革命が勃発したとき、伝統意識のあるイギリスには、それを支持する者はほんのわずかしかいなかった。数ある反対者の中で主要な代弁者はエドマンド・バークであった。彼は自由主義的な政党の一員であったにもかかわらず、『フランス革命についての省察』（一七九〇）の中で、人権よりも一人のイギリス人の権利を優先させ、今や理性の代わりに自然と歴史に全幅の信頼を置いている。

4 啓蒙《エンライトメント》――啓蒙についての解釈と〈啓蒙〉本来の意味

解釈――イギリス啓蒙についての一解釈

イギリス啓蒙は一六八八年に、精神的勝利でもあった政治的勝利によって始まった。上（君主）からの実用主義と下（議会）からの実用主義は、社会的集団と宗教的集団の大部分に十分な生活圏を認める社会的な妥協において結びついた。要するに、それは議会もしくは地主貴族層と富裕な中産階級の勝利であり、またプロテスタンティズムもしくは国教会の勝利であった。たしかに、新たな自由主義は、その直後に始まるホイッグ党の長きにわたる支配の中でとりわけ現れてきたが、差し当たりは節度を守っていた。さらに強い保守的な動向が、トーリ党にますます傾いていく〈ジェントリ〉の中に特に存在した。そして〈非国教徒〉、なかでも特にカトリック教徒に対する寛容は一九世紀になるまでは非常に限られたものであった。そういったなかでも、転換が成功したという自覚の中で更なる発展が起こったのである。

このことが精神的な発展にとって意味するのは、中世以来しっかりと伝統を重んじてきたイギリスでは、一八世紀の間は、全般的かつ抜本的な改革・革命の必要性が思考を動機づけることはなかったということである。たしかに当地では、既に一八世紀初頭には、社会の変化に少なくとも部分的には順応した最初の秘密結社（フリーメイソン）が存在していたが、改革への情熱が広く行き渡っていたわけではなかった。なぜなら、漸進的な変化の方途は原理的には既に開かれていたからである。したがって、理性に対する全く新たな熱狂を生み出すような知的な運動も存在しなかった。その理由の一つとして、理性という概念が経験主義においてはどのみち問題含みであったことが挙げられる。またもう一つの理由として、全ての知識人が批判的理性という名において対決することもあり得たような、強力な宗教的・政治的な体制からの挑発が欠けていたことが挙げられる。反対にイギリス人は、意識と自由、それに健全な人間悟性を、あらゆる他のヨーロッパ大陸の人びとよりも既に多く所有していたのであり、このことが自身の社会に関係する理性と自由に対するあらゆる情熱を妨げていた。この情熱の代わりに高まったのが、国家に対するイギリス人たちの誇りである。この誇りは、自由と寛容の国、科学的・精神的に進展した国に自分たちが生きているという事実に由来する。ただし、この誇りはある種の独善と自己の孤立をもたらし、さらにいかにもイギリス人らしい風変りといったものも形作られていった。イギリス人のこの自覚は、一方では他の国民たちにも尊敬されることとなり、その自覚の表出は特に啓蒙研究においても見出された。ただし、一八世紀のイギリスにおける精神的展開が厳密に言って、本当に啓蒙と呼ぶことができるかどうかは、問われ得ることである。

自己解釈――啓蒙の時代における「啓蒙」観

〈啓蒙 Aufklärung《アウフクレールング》〉に相当する〈啓蒙 Enligtenment《エンライトメント》〉という英語表現は、一八世紀の綱領的な術語ではない。この表現は、一七、一八世紀にはさらに使用頻度が低かった〈啓蒙家 enlightener《エンライトナー》〉と同じく、使用されることは稀であった。そして、〈エンライトメント〉に批判的な活動という意味は全くなかったようである。今日的な意味では、エンライトメントはアウフクレールングというドイツ語表現の複製であり、しかもとりわけ時代区分に関わる概念の意味でそうなのである。〈enlighten《エンライテン》〉という動詞の使用例も、過去分詞の〈enlightened《エンライテンド》〉と同様に、一七、一八世紀では、比較的まれにしか見られず、〈啓蒙する aufklären《アウフクレーレン》〉や〈啓蒙された aufgeklärt《アウフゲクレアート》〉〔アウフクレーレンの過去分詞〕とは大抵意味を異にしている。エンライテン（時には inlighten《インライテン》とも表記される）は、ラテン語の〈illuminare《イルーミナーレ》〉の翻訳語である。このラテン語の元々の意味はアウフクレーレンではなく、〈照らす erhellen《エアヘレン》〉もしくは〈啓示を与える erleuchten《エアロイヒテン》〉であって、この神学的な専門用語のように、〈イルーミナーレ〉は（ドイツ語のエアロイヒテンと似て）ほぼ宗教的な意味で使用される。ドイツ語の〈アウフクレーレン〉（〈アウフゲクレアート〉）やフランス語の〈éclairer《エクレレ》〉（〈éclairé《エクレレ》〉）〔第3章4参照〕に共通するような世俗的な意味がエンライテン（エンライテンド）に与えられることは、一八世紀では極めて稀で、例外的であった。

　こうしたことと符合するのが、イギリスでは一八世紀を〈啓蒙された時代《エンライテンド・エイジ》〉あるいは〈啓蒙の時代《エイジ・オブ・エンライトメント》〉と自己解釈することもなかったということである。たしかに、例えばバークリは彼の時代を時に「この啓蒙された時代」と呼んではいるが、この表現には、明らかに皮肉が込められている。一八世紀のイギリスを〈啓蒙の時代〉と分類するのは、明らかに後世の精神史的な視点からのものである。〈哲学の時代《フィロソフィカル・エイジ》〉や〈理性の時代《エイジ・オブ・リーズン》〉といった表現も、一八世紀のイギリスにとっては少なくとも典型的なものではない。これらの表現もその時代の終わりになって歴史家たちが行う論争から生まれたものであり、一部はフランス語の翻訳である。しかし文学に関していえば、早くから学問・芸術が栄える時代《オーガスタン・エイジ》が話題になっていたことは確かである。この表現は既に一八世紀中葉に現われ、最初は一八世紀初期の作家たち――彼らはまだはっきりと古典主義的な模範たちとの関係を持っていた――を、なかでも特にポープとスウィフトを表すものであった。その後、この表現は、時代的にも事柄的にも広義において使用されたが、事ここに至っては、流行遅れになったように思われる。啓蒙の哲学がイギリス哲学の古典時代としても話題になっていたことは、このような流れと類似している。

一八世紀のイギリスには自らの啓蒙運動についての自覚もなければ、啓蒙の時代を生きているという自負もなかった。したがってイギリスには、例えばドイツがそうであったようには、言葉ではっきりと表現された啓蒙理論もなければ、力強い啓蒙綱領もなかった。あからさまな階級の違いがあったにもかかわらず、例えば民衆の啓蒙について広く議論がなされることもなかった。しかしキリスト教を動機とする改革の計画は存在していたのであり、〈慈善学校《チャリティ・スクール》〉の創設がその例として挙げられる。イギリスにそもそも啓蒙があったとするのであれば、その啓蒙とは先ずもって実践的な啓蒙だったのであり、はっきりと言葉で表現された自覚や啓蒙理論、さらには啓蒙綱領のいずれも欠いたものであった。

イギリス啓蒙の再解釈

以上によって、イギリス啓蒙の時代をめぐるよくある、次のような意見の対立についても説明できるようになる。対立する意見の一つは、「イギリスが啓蒙の発祥地である」というものである。この意見によれば、啓蒙は既にジョン・ロックと共に始まっている。それどころか、場合によっては、ロック以前から、すなわち一七世紀中葉からトマス・ホッブズとチャーベリーのハーバートと共に、もしくはさらにそれ以前にフランシス・ベーコンと共に始まっている、という。さらに、それに対してフランス啓蒙は、例えばようやくヴォルテール（一六九四―一七七八）と共に始まり、ドイツ啓蒙はそれどころか、もしかするとようやくレッシング（一七二九―八一）と共に始まったのかもしれない、というのである。この場合〈啓蒙〉という概念が、イギリスについて語られる場合には非常に広く捉えられ、その一方でしかしフランスと特にドイツについて語られる場合には、極めて狭く捉えられている。それに対して、もう一つの意見は、「イギリス啓蒙というものは元々存在せず、存在していたのはオーガスタン・エイジだけ、あるいはイギリス哲学の古典時代だけだ」というものである。先の意見と同じくこの場合でも、〈啓蒙〉という概念が狭く捉えられており、事ここに至っては、フランスとドイツ、もしくはドイツだけに限定して捉えられてしまっている。まとめれば、イギリスは大陸系の啓蒙を準備しただけであって、その啓蒙に与することはなかったということである。

それにもかかわらず、イギリスに関しても啓蒙の時代という概念にこだわることには十分な意味がある。大陸系の啓蒙とは形は全く異なっていたものの、共通する主要テーマが存在するのである。宗教の持つ合理性の問題がその一つであり、それどころかおそらく最初の共通するテーマですらあろう。したがって、迷信と先入観、それにファナティズムと熱狂に対する強烈な反発は、イギリスの啓蒙と大陸系の啓蒙とでは違いはあったにせよ、そういった反発があったという点では共通しているのである。イギリスでは理性的で世俗的な国家の問題もテーマとなるが、「その解決は根本法則のなかに、つまりイギリスの憲法のなかに既に見出される」という、広く浸透していた自負ゆえに、この問題はその後哲学の中では後方へ退いていってしまう。心理学的な取り扱い方は、ヨーロッパ大陸系の哲学のテーマのたいていは規範的な論究からは大幅に逸れたものであったが、フランスとドイツがそうであったように、とりわけ徳と幸福と有用性とを一つにまとめ上げることが、実践哲学の中心課題であったのである。

第3章　フランス——批判と革命

1　弾圧と反抗

啓蒙以前

フランスは一八世紀にはヨーロッパ最大の文化大国となっていた。しかもそれは、カエサル（紀元前一〇〇—四四）がガリアを征服したことで始まる長期間の前史を背景としていた。というのも、このガリア植民によって、地理的・気候的に好立地の地帯に広範囲に亘って古代文化が普及し、その影響がローマ帝国崩壊以後もまだ残り続けていたからである。そうした文化普及の帰結の一つが、大修道院文化や大聖堂文化につながる初期のキリスト教化である。その後中世以降、つまりフランク王国分裂を経た後に、ドイツ民族による神聖ローマ帝国には依存しない強大な中央集権国家の形成も始まった。そしてこの国家は初期近代が開始して以降、国民国家として理解され始めた。一七世紀には、フランスはその政治権力をさらにいっそう拡大することができた。なぜなら、ウェストファリア条約はヨーロッパにおけるフランスの政治的役割を知らしめ、フランスがさらに権力拡張を試みていく起点となったからである。フランスがこのように政治的にも文化的にも発展したのは、フランス国王がカトリック教会と連携することで強力な立場を保っていたからである。たしかに、フランスにおいても、国王の地位にせよ教会の地位にせよ、懸念材料がなかったわけではない。フランスの幾つかの地域にはカルヴィニズムが広まっており、それによって既に一六世紀の後半にはカトリック派と改革派（ユグノー）との血なまぐさい戦争までもが引き起こされていたからである。しかしその後、ユグノーの指導者であったフランス国王アンリ四世（在位一五八九―一六一〇）が、一五九三年にカトリックに改宗したことにより（「パリはミサに値する」〔プロテスタントのアンリ四世がカトリック勢力下のパリに入城するために発したとされる言葉〕）カトリックの勝利が確定はしたのだが、少なくともナントの王令（一五九八）によって依然としてプロテスタントに対する寛容さはそれなりに保たれていた。その寛容さは、一六八五年にルイ一四世（在位一六四三―一七一五）によって王令が廃止され、ユグノーが残虐に弾圧され追放されるようになるまでは続いたのである。

ルイ一四世の時代に、フランスの絶対王政はその権力の絶頂期を迎える。この権力下では「唯一の信仰、唯一の法、唯一の王」という原理からの逸脱は許されなかった。というのも、国王はプロテスタンティズムを単に宗教面での脅威と見なしただけでなく、宗教に基づく自身の絶対主義にとっての政治面での脅威とも見なしたからである。フランスは彼の統治下で、カトリックと絶対主義が支配する国民国家として確立され、他のヨーロッパ諸国に対して政治的にも文化的にも優位に立ち、強大な中央集権国家となった。ただし、ルイ一四世の統治が輝かしかったのは、対外的なものに限られていた。なぜなら、権力と壮麗とを誇示するのに高い代価が払われていたからである。たしかに、ヴェルサイユには国王の権力を象徴するヨーロッパ最大の宮殿が建っていたし、パリにも王立科学アカデミー（一六六六）やコメディ・フランセーズ（一六八〇）が設立されていた。それに、多くの著作家たちが太陽王の支配を新しい時代の表現、それどころか古代を凌駕する時代の表現として賞賛してもいた。しかし、国家権力の拡充は、幾度かの征服事業にもかかわらず停滞し始め、度重なる戦争によって、国家財政は最終的には破綻した。その上、ユグノー追放は文化的・学問的・経済的な損失に等しく、結局のところそれは甚大な犠牲を伴う勝利であった。結果的に、絶対主義および聖職者階級による体制的抑圧のもとで、国土はまさに苦悶のうちに沈んでしまい、国王の死が多くの人びとにとって解放として感じられるほどであった。

啓蒙前夜

摂政《レジャンス》の時代〔一八世紀最初の三〇年間〕、すなわち、未成年の王位継承者に代わって短期間国政にあたったのが、オルレアン公フィリップ（在位一七一五―二三）である。その彼の治世において、国家から強制された順応という風潮は、精神面と経済面の両面にわたる自由主義に転じる。その頃には自由思想家たちが主導的な役割を果たし、経済市場がその健全化を目的に開放された。プロテスタントへの迫害は緩められ、フランスはイギリスの影響を受け始めた。国王ルイ一五世（在位一七一五―七四）およびルイ一六世（在位一七七四―九二）が旧体制《アンシャン・レジーム》を復活させようとしたのは確かだが、王政による政治的絶対主義と教会による宗教的絶対主義はその権力の最盛期を過ぎていた。経済発展、とりわけ市民の経済発展によって、古い身分社会が徐々に新しい階級社会へと変化していった。その変化を通じて、硬直した政治構造がますます時代遅れのものであることが明らかとなる。とりわけパリの著作家たちの自由な精神が統制下に置かれることは先ずほとんどなく、パリのサロン文化はヴェルサイユの宮廷文化と対極をなすものへと成長した。その上、最後の国王の側室政治により、一七八九年に始まるフランス革命で一時的に没落していた王政の権威は、完全に地に落ちてしまった。

とはいえ一八世紀にフランスは、その文化の輝かしい絶頂期に達していた。華麗な貴族文化が、既に一六世紀と一七世紀には繰り広げられており、その文化は王宮を模範としながら、地方を犠牲にして王宮と張り合っていた。こうした宮廷の社交文化が、フランスの精神的・社会的な生活全体を早くから形作り始めていた。市民層においても優雅な流儀や洗練された生活様式といったようなものが、フランス革命を経てもなお定着していたのである。こうした流儀や生活様式と結びついていた、文化全般において優越しているという自己意識は、一七世紀末には古代主義者と近代主義者との間の論争（〈古代人近代人優越比較論争〉）にまで発展する。この論争は、国王を賞賛するシャルル・ペロー（一六二八―一七〇三）が物した詩によって引き起こされた。この詩では、古代様式を模倣する文化を自ら振興した太陽王の時代が、歴史上の新しい一時代として賛美され、古代を凌駕するものと目された。これにより、それ自体は古くからある論争が、一般的な学問の局面から、文化や国家という個別の局面へと転用された。この論争が続いていく中で、新たな進歩信仰に満ちた新たな歴史意識が、世俗的で非独断的であると同時に極度に国家的な色彩を帯びつつ、徐々に醸成されていった。

全体として見ると、一八世紀はフランスの造形芸術と装飾芸術の最盛期であった。フランス文化は国王、貴族そして市民といった後援者によって庇護されながら、フランスのファッションも含め、まさに輸出品となり、そのために「フランス的ヨーロッパ」と言われ始めたほどであった。フランス語は、アカデミー・フランセーズが一六九四年から刊行している辞書の中で統一整備され、ヨーロッパの上流社会と政界の言語となる。しかし、文学と芸術を愛好するサロンが舞台となったフランス社交界では、文芸のみならず自然科学に対しても大きな関心が寄せられていた。おそらく自然科学が流行を見たのは、とりわけイギリスへの門戸開放の後、物理学と化学への取り組みによって近代性が誇示されたためであったと思われる（そのため、この種の自然科学熱は、一八世紀の半ば以降イギリスかぶれと併せて、再び退潮した）。しかし、熱心な研究と科学的・技術的な進歩ももちろん存在した。なかでもルネ＝アントワーヌ・フェルショー・ド・レオミュール（一六八三―一七五七）は温度計を発明し、アントワーヌ・ローラン・ラボワジェ（一七四三年―九四）は、国家の徴税請負人としてフランス革命で処刑された人物だが、酸化という現象を見出した。科学技術の進歩の頂点をなしたのが、モンゴルフィエ兄弟による熱気球の初飛行（一七八三）である。ただし、当時の社会の関心は、かねてより動物磁気のような〈オカルト的な〉自然現象にも向けられていたのである。

フランスにおける啓蒙の位置

フランス啓蒙は、一八世紀のフランス文化のイメージを決定づけている要素の一部であり、文化輸出において重要な役割を果たした。フランス啓蒙は基本的に社会的、宗教的そして政治的な体制に対して（この体制側に啓蒙を支援する者がいたにもかかわらず）対立姿勢をとっていたのは確かだが、フランス文化全般に行き渡っていた〈機知《エスプリ》〉とも十分に調和していた。それは、たとえ啓蒙がこのエスプリという精神を用いて、社会の旧来の基調に抵抗を試みていたとしてもである。哲学者と作家――一八世紀フランスではしばしば同一人物がこの両者を兼ねていた――によるこの「啓蒙主義的・自由主義的な」体制批判は、既に一七世紀末に始まっていた。こうした批判は、教会と王権が強固に統一戦線を組んでいたことによって引き起こされたため、特に宗教と政治への過激な批判として現れざるを得なかった。既存の政治・道徳体制とは全面的に縁を切るしかなかったこの批判により、フランス革命においては人権が、特に自由権として布告されることとなる。宗教的な弾圧は政治的な革命において終焉する。

ただし、〈フランス式の《ア・ラ・フランセーズ》〉啓蒙は、主としてパリに限定されたままであった。一八世紀のフランス人の思考を決定づけているのは、その好機であれ危機であれ、首都の情勢に他ならない。こうした啓蒙を担っていたのは「フリーの」作家たちであり、およそ大学ではなかった。地方のアカデミーも首都パリに比べてわずかな役割しか果たしていない。したがって、フランスの啓蒙においては、全国民の啓蒙という傾向はどちらかと言えば小さなものでしかない。たしかに、市民階級はますます新たな社会秩序とそのイデオロギーの担い手となっていくが、それでも啓蒙は終盤に至っても貴族によって、特に官位貴族によって共に担われるのである。

2　亡命から対立へ

デカルトと初期啓蒙家ベールおよびフォントネル

啓蒙の哲学的な前史は、フランスに限らず、本質的に哲学者ルネ・デカルト（一五九六―一六五〇）の影響を受けている。この哲学者は、哲学に基づいて一つの確実な学を打ち立て、そうすることで全ての学問を確実な基礎の上に置こうとした。たしかに、彼の哲学に触れることは当初は禁じられていたが、その影響力は哲学の内外を問わず、フランスにおいても阻止できなかった。とりわけ、明晰かつ判明な認識への彼の強い要求は、その内容的、方法的、そして形而上学的要請を抜きにしても、多方面に拡がっていった。デカルトの分析的な野心と結びつくことができたこの極めて批判的な合理主義は、既に一七世紀から一八世紀への世紀の変わり目以前に（イギリスと経験主義に対する次世代の熱狂にはるかに先立って）フランスの著作家や哲学者たちのもとで地歩を固めていた。しかし、ナントの王令廃止によって弾圧の気風が生じ、プロテスタントの著作家たちは追放され、カトリックの著作家たちは程度の違いはあれ口を封じられた。それにより、大勢に順応しない知識人層は（それぞれの信条に応じて）二つの陣営に、すなわちフランス国内における極めて慎重な小さな集団と、フランス国外のやや強烈で過激な集団との二つの陣営に分かれた。こうして、たんに啓蒙の視点から見なくとも抑圧の時代であった太陽王の時代に、かえって国内亡命および国外亡命という仕方で、啓蒙の最初の兆しが現れたのである。

その亡命したユグノーたちの中で、最も重要な哲学の著作家がピエール・ベール（一六四七―一七〇六）であった。彼はカルヴァン派の牧師の息子で、ジュネーヴで神学を学び、その後プロテスタント系のセダン・アカデミーの哲学教授となった。このアカデミーが一六八一年に閉鎖されたとき、彼は哲学と歴史の教授としてロッテルダムのギムナジウム・イルストレ高等学院に赴任したが、このポストも一六九三年に失った。というのも、当地で権威となっていた改革派神学者のピエール・ジュリュー（一六三七―一七一三年）と対立して宗教的・政治的寛容を守り、そのためにフランスとの宗教的・政治的戦争をも拒絶したからである。ベールは哲学的にはデカルト主義の亜流ではあったが、著作活動を重ねるうちに、特に歴史の問題および歴史学的批判の問題に従事するようになった。彼は既に一六八二年の『彗星雑考』において迷信と偏見の批判に取り組んでいた。その後、一六八四年から一六八七年まで書評誌『文芸共和国便り』を発行し、これは特にフランスのプロテスタント擁護に寄与して、多くの読者を獲得した。また、同時期に『〈強いて入らしめよ〉というイエス・キリストの言葉に関する哲学的註解』（一六八六―八七）において宗教的寛容のために、そして道徳と宗教を明確に区別するために――すなわち「徳のある無神論者も存在し得る」――論陣を張った。事実、彼が初めて哲学から近代の〈闘う哲学〉を作ったし、それによりその哲学はジャーナリズムに近いものとなった。彼の主著は、同時代の知識を歴史学的 - 批判的な吟味にかけた『歴史批評辞典』（一六九七）という大辞典である。そこでは、多くのことが疑わしいものとして、そして一般に信じられている理性と信仰との一致が証明し得ないものとして示された。とはいえ、旺盛な懐疑的精神が見て取れるにもかかわらず、ベールは、純粋な信仰の問題としてのキリスト教を捨てなかった。すなわち、宗教は単なる良心の問題である、としたのである。こうして、もはや単に専門家にのみ向けられてはいない、宗教と理性の批判的啓蒙が開始されたのである。

ベルナール・ル・ボヴィエ・ド・フォントネル（一六五七―一七五七）は、当初より公衆向けの著述業に従事していた。フランスにおける啓蒙の成立にとって、彼の初期著作は特に重要な意義を持っている。その初期著作群において彼は、立場に揺れがなくもないが極めて慎重に、自然科学と宗教の問題について論究した。例えば『世界の複数性についての対話』（一六八六）の中で、彼は地球が宇宙の中心であるというテーゼを疑問視し、世界の複数性を少なくとも仮説としては可能であると擁護した。そして、同時代の自然科学的な議論に基づいて教養ある婦人たちとの皮肉交じりの洗練された談笑を、彼女たちに向けて試みた。これにより既に彼は、世間に開かれた哲学の――女性を含む全ての読者層に向かい、それゆえに学術的であると同時に楽しめるものであるべきだという――理想像を知らしめたのである。むろん、何度も増補を重ねた後期の『新・死者との対話』（一六八三）では、宇宙ではなく人間が哲学の主要テーマであることを彼は強調した。迷信に対する彼の批判もフランスにおけるさらなる精神的発展にとって重要なものとなった。ただし彼は慎重にもその批判を古代に限定したし

（『神託の歴史』一六八七）、その一部を出版したのもようやくもっと後になってからであった（『神話の起源』一七二三）。古代人近代人優劣比較論争では、彼は一六八八年に『古代人と近代人についての余談』によって近代人派の側に立った。彼にとって重要であったのは新しい文学の優越ということだけでない。彼は近代科学の支持者として、とりわけ科学の進歩を喧伝した。もちろんフォントネルは、一六八二年に自身の宗教に対する懐疑に基づいてカトリックに論戦をしかけたものの、政治的な圧力を受けつつ、むしろユグノーの迫害が正当であることを、一六八七年に公にした（『ルイ大王治下の宗教の勝利』）。支配体制との極めて外面的な折り合いをつけた後、彼は王立科学アカデミーの書記となった。

フィロゾフとしての啓蒙家

ベールとフォントネルを初期啓蒙に含めてもよいとするなら、既に彼らを通して、初期啓蒙に典型的なフランス啓蒙家の人物像が浮かび上がってくる。一八世紀初頭より、そのような人物が〈フィロゾフ〉と呼ばれ始める。歴史的に見れば、社会の批判者としてのフィロゾフは、〔一七世紀末頃から登場した〕モラリストの追随者であり、それゆえに元来キリスト教的な動機を持っていたモラリストによる社会診断の追随者である。また、宗教に批判的な自由思想家の追随者でもあり、それゆえに信心ぶった偽善に対する自由思想家による分析の追随者でもある。一八世紀フランスのフィロゾフは専門の哲学者でも大学に籍をおく哲学者でもなく、アカデミックな教育課程を経ていることはあり得るものの、自身をフリーの著作家（職業作家）と考え活動する、世間に通じた人である。すなわち、世界に対して極めて批判的に振る舞い、世界を自身の言葉によって変えることを望む知識人である。フィロゾフは文筆家として、プロパーとしての哲学と純文学の間のどこかに位置している。しかし、とりわけフィロゾフは、哲学的な志向も文学的な志向も超え出た、社交の人であり、しかもそれは、次のような二重の意味でそうなのである。すなわち、社交的で世慣れている、もしくはそうであろうと試みていると共に、社交の世界に対して変容をもくろむ批判的な関係をも持っているという、二重の意味で社交の人なのである。もちろん、フィロゾフは、フランスにおける政治的・社会的な情勢を基盤としているので、社会改革者として自由に力を発揮できるわけではなく、彼の批判は検閲を受ける。検閲を逃れるため、フランスの啓蒙家たちは、自分たちの著作物を印刷地を偽装した極秘の印刷所や外国、特にオランダで、様々に非合法な仕方で出版させるか、もしくはただ手書き原稿のままでも流通させている。かくして地下文学、つまり闇の書籍市場を持つ文学的サブカルチャーやアングラ文学が成立する。これは、政治的・宗教的な情勢がフランスと異なっているため、イギリスやドイツでこのようなかたちでは起こらなかった現象である。ただし、検閲はいかなる場合でも一様に厳しかったわけではない。それどころか、公の検閲官自身が啓蒙家たちの支持者だということもあり得た。フィロゾフがその典型的な表現形態を手に入れるようになるのは、ようやく一八世紀の半ば頃、百科全書派の人びととその交友関係においてである。むろん、百科全書派のうちに、言葉の厳密な意味でのフランス啓蒙の発端に位置するモンテスキューやヴォルテールを含めることもできる。

モンテスキュー、ヴォルテール、モーペルテュイ

略してモンテスキューと呼ばれるシャルル＝ルイ・ド・スゴンダ、ラ・ブレードおよびモンテスキュー地所を所有する男爵（一六八九―一七五五）は、ボルドー近郊に昔から住む貴族の家系に出自を持つ。彼は「摂政〔オルレアン公フィリップ〕」の自由思想の精神に全面的に依拠して、書簡体小説『ペルシア人の手紙』を一七二一年に公刊した。その中で彼はフランスの情勢を外国人の視点から描写したのだが、そうすることで絶対主義と教会を批判することができた。その後、彼は国外に旅行に出るのだが、その旅先の一つであるイギリスでは、とりわけその政治制度に感銘を受けた。再びラ・ブレードの邸宅へ戻った彼は、歴史と政治の研究に献身した。彼は一七三四年に『ローマ人盛衰原因論』を出版し、ローマ帝国の滅亡を歴史の統率者としての神を持ち出すことなしに徹底して世界の内から、すなわち国家統一への信念の衰微から解明した。その後、彼は一七四八年にいわゆる法律の「精神」を論じた主著（『法の精神』）を出版し、その中で法の歴史性、例えば場所と時間、気候と宗教に法が依存していること、しかもある種の道徳的態度（徳）にも依存していることを指摘しようと試みた。モンテスキューの理想は、若干の揺れを伴いつつも、立憲君主制にあった。彼はイギリスの政治制度の実情から立法権と行政権、そして裁判権の分離を自由主義国家の不可欠の条件として導出した。そのことで、早くも彼の著作は、近代国家理論の原典となった。

自身ではヴォルテールと名乗っていたフランソワ＝マリ・アルエ（一六九四―一七七八）は、フランス啓蒙の最も著名であり、もしかすると最も重要な代表的人物かもしれない。彼はパリの法律家を出自

としていたが、彼の野心は早くから文芸に向いていた。彼は一八世紀最大の、完全に古典主義的な意味での劇作家になることを望んでいた。この精神から生み出されたのが、とりわけ悲劇作品『エディプ』および叙事詩『アンリアード』という彼の初期著作である。それらの作品の中で彼は、かつてはイエズス会立の学校の生徒であったにもかかわらず、同時に啓蒙絶対主義を選択することによって、教会に対して厳しい批判を行った。彼は一七二六年から二九年にかけてイギリスに渡り、そこでニュートン力学とロックの経験主義に傾倒した。それらの影響下にあって彼は先ず『哲学書簡もしくはイギリス便り』(一七三四)を、そしてその後に『ニュートン哲学の諸要素』(一七三八)を著した。これらの著作により、彼はロックの反デカルト的な認識論とニュートンの反デカルト的な自然学をフランスに広く知らしめた。しかし、ヴォルテールは同時に常に詩人としても活動し続け、例えばその成果として戯曲『ザイール』(一七三二)や『マホメット』(一七四一)がある。これらは、本質的には既に啓蒙の宣伝に、例えば狂信に対する闘争に寄与した。彼の演劇のほとんどは、いわゆる「哲学的な」悲劇である。ヴォルテールはしばらくの間、愛人であり学者でもあったシャトレ夫人(一七〇六―四九)の厚遇を得て、短期間再びパリで暮らした後、――フランス宮廷への接近の試みが失敗に終わってからは――フリードリヒ二世(在位一七四〇―八六)の招きを受け、一七五〇年から五三年にかけてポツダムにあるサンスーシ宮殿の賓客となった。この間、彼は特に『ルイ十四世の世紀』(一七五一)や『普遍史および諸国民の習俗と精神についての試論』(一七五三)といった歴史研究を公にすると共に、自ら哲学辞典も執筆していた。その辞典は、「携帯用哲学辞典」という表題で一七六四年に初版が出され、この著作もとりわけ教会と迷信の批判に寄与した。プロイセン王との決裂の後、ヴォルテールは先ずはスイスへ、次にフランスへ赴き、その間（特に武器ビジネスで）富を得て、スイスとの国境沿いに位置するフェルネの宮殿を入手した。ここで幾つもの「哲学的な」物語が生み出され、そのなかでも風刺小説『カンディードまたは最善説』（一七五九）は特によく知られるところとなった。この小説は、リスボン地震についての詩（『リスボンの災厄についての詩』（一七五六））が既に示していたような、年老いてゆくヴォルテールにしばしば見られる冷笑的ペシミズムを表現している。その上、彼は同時代のヨーロッパ中の多くの著名人たちと書簡を交わしていた。やはり最も注目を集めたのは、フランスで宗教を契機として動いた司法当局の犠牲となった、カラス家とその他幾つかのプロテスタントの家族を彼が擁護したことであった。熱烈に歓迎されたパリへの最後の訪問で、彼は死去した。その原因はおそらく過労であった。

たしかにヴォルテールは着想豊かで多彩な才能を持つ重要な人物ではあったが、偉大な詩人でもなければ、狭い意味では独創的な哲学者でもなかった。彼は経験に基づく認識や自然の秩序、あるいは徳の必要性について、たいていはかなり非体系的に諸々の見解を述べていたが、最高の知性についての理神論的な傾向を有する彼の考え方も含め、それらは同時代の慣例の枠内にとどまるものである。彼が最善説と呼んで嘲笑した内容も、表面的なままにとどまっている。たしかに彼の政治理念は、立憲君主制を目指すという点でイギリス旅行の影響を受けてはいるが、実際のところ彼は国民とは常に距離をとり、貴族や国王たちと懇意になることを求めている。彼の歴史哲学——この表現はどうやら彼自身に由来する――も、既存の論究、特にデイヴィッド・ヒュームの論究を受け継いでいるようだ。それでもヴォルテールは、フランスにおいて啓蒙的意識の形成過程を他の誰にも増して推進した。多くの人びとはこの過程をフランス啓蒙の導入と見なしており、この過程は彼の存命中に既にある種の社会制度となっていたのである。

ヴォルテールとモンテスキューだけが、イギリス思想をフランスへもたらした人物ではなかった。特に自然科学もしくは自然哲学の分野では一七三〇年代に真の英国崇拝が噴出した。ピエール・ルイ・モロー・ド・モーペルテュイ（一六九八―一七五九）も、その英国崇拝に関与していた。早くから科学アカデミーに迎えられたこの天分豊かな数学者は、イギリス訪問の後、ニュートン主義に没頭し、その視点からデカルトの宇宙論を批判した。彼はその後ヒュームに同調し、数学をも「感覚」に還元しようと試みて経験主義を徹底した。たしかに彼はまだ、自然の合法則性のうちに神に対するある（理神論的な）信仰のための拠りどころを見出していた。だが、後には一部唯物論的、一部汎神論的な自然哲学的思弁にも傾いた。彼は一七四六年以降、ベルリンにあるプロイセン科学アカデミーの会長を務めた。

ラ・メトリとコンディヤック

フランス啓蒙のうちで早くから唯物論的傾向が明確になっていたのは、医師ジュリアン・オフレ・ド・ラ・メトリ（一七〇九―五一）においてである。この人物は、フランスの医学界に対する鋭い風刺を公にした後、フランスから逃れ、オランダを経由して、彼を自身の「侍読」として採用したフリードリヒ二世の宮廷に赴かざるを得なくなった。ラ・メトリは主著『人間機械論』（一七四七）において、人間を自立した魂も自由も欠く一つの機械として描写し、そこから、特に享楽への人間の権利を演繹した。これにより、フランスでは一八世紀半ばになる前に、いまやフィロゾフという人物像と連携した唯物論的傾向が露呈する。というのも、既に一七二〇年に風刺の対象となっていたフィロゾフは、世紀の半ばにははっきりとした輪郭を取っていたからである。それに重要な寄与を成したのが「哲学者」という論考である。これは、一七四三年に「思考の自由の小説」という表題を持つ文集の一部として匿名で出版されたものである。ただこれは今となっては、文法学者として実名で知られていたセザール・シェノー・デュマルセ神父（一六七六―一七五六）が書いたものとされている。綱領的な性格が強いこの著作においては、明らかに唯物論的な前提に基づいて、哲学者というものが思考する機械、しかも自己自身を反省する機械と定義され、自らぜんまいを巻く時計になぞらえられている。こうした定義では、哲学者は大多数の人間から抜きん出ていることになるが、それでもそれと同時に哲学者の主要目標は社会の中で生き、社会に貢献することである。どうやら、哲学者の「唯一の神性」は社会であり、その主要業績は偏見と迷信に対する闘争のうちに存するようである。

この「哲学者」という論考は当時、ある程度の注目を集めた。それはヴォルテールによって批判されて書き換えられ、その上、フランス啓蒙の代表作である『百科全書』の項目記事として形を変えて採用されるに至る。どちらの場合でも、特に唯物論の傾向が和らげられた。ところが興味深いことに、これら一連の議論においてそもそも話題になっていたのは哲学ではなく、もっぱら哲学者、すなわちフランスの社交文化の象徴としてのフィロゾフであった。しかしフランスにも、なおそれとは全く異なったタイプの哲学者がいるのはもちろんである。

聖職者、およびパルマ公国王子フェルディナンドの家庭教師を職業としていたエティエンヌ・ボノ・ドゥ・コンディヤック（一七一四―八〇）は、ロックの影響下に自身が展開した感覚主義におけるあらゆる唯物論的帰結を回避している。『感覚論』（一七五四）で彼は、大理石の立像が順次個々の感覚を付与され、そうして人間的な認識を得るに至るという思考実験を展開しているが、自立した心があるという立場を手放していない。フランス啓蒙の展開にとっては『体系論』（一七四九）も重要なものとなった。彼はその中で、諸体系の仕上げを哲学的な迷路として提示することを試みている。それにより彼は百科全書派の人びとの思考に影響を与えたが、彼自身は彼らと距離を保ち、彼らがコンディヤックの許可なしにこの二つのテクストを公にしたときには、激しく異議申し立てをした。その後、コンディヤックはとりわけ学術言語の諸問題に取り組んだ。

初期啓蒙の小説家

フィロゾフたちの狭いサークルの外部に独自の哲学と科学が存在したのと同じく、たとえ啓蒙思想とある種の親和性を持っていたにせよ、フィロゾフの類型には収まらない詩人たちによる文学も存在した。そして、イギリスにおいてと同様、新たな種類の創造行為のフィールドとなったのが、とりわけ作詩法上の規範から自由な物語、すなわち小説に他ならない。

初期啓蒙の最初の重要な小説家はアラン＝ルネ・ルサージュ（一六六八―一七四七）であった。彼は、依然として強くスペインの悪漢《ピカレスク》小説に範をとっていたが、道徳論の必要性も感じていた。彼の風俗小説『悪魔アスモデ』（一七〇七）では、悪魔が人びとの現実生活を可視化するため、家々の屋根を剥がし取る。一人称形式で著された長編小説『ジル・ブラース物語』（一七一五―三五）では、『悪魔アスモデ』とは反対に内側から、すなわち召使いの視点から社会が批判されている。一連の風刺的な喜劇も著したルサージュは、とはいえ、啓蒙の理論的な構想もしくは実践的な改革運動とはいかなる関係も持っていなかったように思われる。

正式名をピエール・カルレ・ド・シャンブラン・ド・マリヴォーというマリヴォー（一六八八―一七六三）は、様々なサロンでの交際を通じて啓蒙と接触し、イギリスの『スペクテイター』紙に倣い、先ず『スペクタトゥール・フランセ』（一七二二―二四）を刊行した。その後、彼は巷で人気のあったパリのコメディ・イタリエンヌのために一連の喜劇を作成し、そこで、愛の心理分析に取り掛かると共に、ヨーロッパ人の偏見と未開人の理性を対置するといった、啓蒙に典型的な主題にも取り掛かった（『理性の島』一七二七）。彼は現在もとりわけ小説『マリヤンヌの生涯』（一七三一―四二）で知られている。その中では、うわべだけ礼儀正しい社交界において貞淑で高潔に振る舞う孤児マリヤンヌが修道院生活へと入ってゆく彼女の人生行路が心理学的に事細かく描写されている。

初期啓蒙の第三の偉大な小説家は、僧侶アントワーヌ＝フランソワ・プレヴォー・デグジル（一六九七―一七六三）である。イエズス会立の学校の生徒であった彼は、兵役を逃れてベネディクト会に入り、それからその修道会を逃れてイギリスへ渡り、そこでさらにプロテスタントに改宗する。その後再びベネディクト会に入り、修道院長にまでなる。その間、プレヴォーは啓蒙に近い立場に立った文学雑誌を刊行すると共に、多くの小説も著した。そのなかでもとりわけ悲劇的な恋愛小説『騎士デ・グリューとマノン・レスコーの物語』（一七三一）――これは七巻からなるシリーズ小説の最終巻である――がよく知られたものであり、この物語はその後様々なオペラの原本として用いられるものとなった。彼はまた、リチャードソン〔本書第二章第三節参照〕の翻訳者として、フランスにおいて感傷小説および新たな文学の時代を準備した。

3 『百科全書』から革命へ

百科全書派のダランベールとディドロ

啓蒙はフランスでは一八世紀の半ば頃に普及し始め、またますます過激になり始める。教会に対するヴォルテールの攻撃は鋭さを増し、既にモンテスキューに見られたように、道徳的な社会批判がいっそう明確に政治的絶対主義に対する批判となってゆく。啓蒙家の数も増え、精神生活を占拠し始める。ヴォルテールとそれ以外の啓蒙家たちはアカデミーに受け入れられ、彼らは一つの集団意識を形成していく。それというのも、彼らは宗教的な派閥（「宗教の一派」）に対抗した哲学的な派閥（「哲学者の一派」）として結束していくからである。彼らが集う最も重要な場所がサロン、つまり、たいていは貴婦人によって組織された社交の集会であり、イギリスに範をとったクラブやフリーメイソンもそれに含まれる。今や啓蒙家たちは、とりわけある共通のプロジェクトを見つけ出し、それを目当てに集うようになる。そしてそれは、ただ単に彼らだけにとっての啓蒙運動の成果にはとどまらなくなっていく。それこそが、ジャン・ル・ロン・ダランベール（一七一七―八三）とドゥニ・ディドロ（一七一三―八四）による『百科全書』という成果である。

イーフレイム・チェンバーズ（一六八〇―一七四〇）によって既に一七二八年に刊行されていたイギリスの『サイクロピーディア』をフランス語で翻訳発行することを、出版協会は一七四五年に決定した。この課題はダランベールとディドロに委託された。ところが、その準備過程で、あらゆる学問、芸術、職業をアルファベット順に網羅的に提示するという全く新たな構想が持ち上がってきた。それは後に「百科全書もしくは文士の団体による学問、芸術、工芸の合理的辞典」というタイトルで一七五一年から八〇年にかけて全三五巻で刊行された。『百科全書』出版の歴史は、フランスにおける啓蒙の闘いの歴史となっていく。例えば、作業の準備段階で、早くも遅延が生じた。ディドロはあまりに自由思想的な発言をいくらか行ったがゆえに一七四九年、数カ月間の獄中生活を余儀なくされたためである。そして、一七五二年には最初の数巻が刊行禁止となり、一七五三年以降さらに四巻を刊行することができたが、一七五九年には『百科全書』全体の出版が差し止めされた後、一七六〇年までとそれ以降に再び続きの数巻を出版することができた。その背景にはとりわけイエズス会士による攻撃があり、それには著作家シャルル・パリソ・ド・モンテノワ（一七三〇―一八一四）による誹謗文書、特に彼の喜劇『哲学者たち』（一七六〇）が含まれている。しかし、なかでも、ルイ一五世の暗殺未遂事件があったとき（一七五七）、その精神的な生みの親として啓蒙家たちに嫌疑がかかったことが、出版遅延の背景にある。その一方で、ルイ一五世の公妾ポンパドゥール夫人（一七二一―六四）自ら『百科全書』の公刊に肩入れしていた。このように『百科全書』の出版は、最終的にはフランスにおける啓蒙運動の勝利の象徴となった。ただし、その出版は最初の発禁以後、文体面でより穏健なものとなると共に、ある種の自己検閲を自らに課していた。

『百科全書』を精神的に担った著作家たちのグループは、一八世紀の半ば頃にはフランス啓蒙の中心となっている。ただし、その項目記事の多くはオリジナルではない。ディドロ自身によって編集された「フィロゾフ」の記事は、デュマルセによる同名の論考にほぼ原文通り遡ることができる。哲学に関連する記事の多くがその原作者でベルリン在住のユグノー、ジャン・アンリ・サミュエル・フォルメイ（一七一一―九七）のものであり、一部はハインリヒ・ツェードラー（一七〇六―六三）の『万有事典』の原文を引き継いでいる。この事典は一七三二年から一七五四年にかけて六四巻と別巻四巻で出版されたが、この事典自体が哲学の項目に関しては既にヨハン・ゲオルク・ヴァルヒ（一六九三―一七七五）の『哲学辞典』（一七二六）に基づいている。それにもかかわらず、『百科全書』が世紀の大事業であることに変わりはない。今日まで名前が知られていない一部の者も含め、総勢およそ二〇〇名の著者が、この著作物に短文から長文にいたる寄稿をした。そこには例えば、百科全書派とは距離をとっていたとはいえ、ヴォルテールも含まれる。ただし、この出版作業の主な負担は編集者であるダランベールとディドロにかかり、ダランベールが離脱して以降は、もっぱらディドロだけにかかっていくこととなる。

ダランベールは将官を父に、パリでよく知られたサロンを運営する貴婦人を母に持つ私生児であった。当初彼は母によって遺棄され孤児となったが、父の支援で教育を受けることができた。彼は既に二三歳で天分豊かな数学者および自然科学者として科学アカデミーの補助会員となり、その後、アカデミーの書記となった。彼の最も重要な寄稿は『百科全書』のための「序論」（一七五一）であり、そこで彼は当時の「諸科学」の在庫調査を試みた。彼が行ったあらゆる知識の区分は、イギリスの哲学者フランシス・ベーコンの区分に従ったものである。ベーコンは既に諸々の知識を心理学的な基準によって（すなわち精神の能力を理性、記憶、想像に区分することによって）分類していた。それによると、理性はあらゆる学問の源泉であると共に、まだ他の学問とは切り離されていなかった哲学の源泉となっている。ところが、哲学の区分においてダランベールは、ドイツの哲学者クリスティアン・ヴォルフ（一六七九―一七五四）にその名を挙げずに大枠で従って、ヴォルフと同様に一般形而上学（存在論）と特殊形而上学とを区別し、後者をその三つの主要対象に沿って神学（「神の学」）――ダランベールはそこに啓示神学を含めた――、人間学（「人間の学」）、そして自然科学（「自然についての学」）に区分した。この区分は革命的なものとして多方面で称賛されたものの、こうした事情を見る限りでは、驚くほど保守的なテーマが取り扱われていることが分かる。ただし、ダランベールはコンディヤックを援用して哲学における体系の精神（l' esprit de système）を批判し、その代わりに、あらゆる研究における体系的な精神（esprit systématique）を求めた。一七五八年、ダランベールはアカデミーにおける自らの立場を危うくしないために、『百科全書』出版の共同責任者の立場を退いた。

『百科全書』刊行の作業と責任に伴う大きな負担は、こうしてディドロにのしかかることとなった。彼はヴォルテールと並んでフランス啓蒙の中で最も重要な多才な人物である。職人の家系を出自とするディドロは聖職者となることを拒んだため、パリで数年間学業を続けてはいたが、長らく臨時仕事で生計を立てなければならなかった。一七四五年には、『百科全書』の企画にあたって編集主幹を引き受けた。精力を消耗するこうした任にあたっていたにもかかわらず、ディドロはさらに暇を見つけては、それ以外にも理論的な論考から文学的な作品に至る一連の仕事もこなしていた。理論的な仕事としては、初期の『哲学断想』（一七四六）や盲人と聾唖者に関する手紙（『盲人書簡』一七四九、『聾唖者書簡』一七五一）がある。これらの中でディドロは感覚主義的な認識理論を展開し、手話言語の基礎を築いた。一七五四年の『自然の解釈についての断想』、そして一七六九年に完成してはいたが一八三〇年になってようやく公刊された『ダランベールの夢』において、ディドロは自然科学的なテーマに手を着けた。彼はデカルト主義と闘い、種の発生について問い、そこでますます無神論と唯物論に傾斜していった。

ディドロの文学的な作品については、その一部は死後にようやく刊行された。その幾つかの作品の中でディドロは、たしかに単なる試みに過ぎなかったにせよ、自身が展開していた美学理論を実践に応用することを試みていた。初期の小説（『不謹慎な宝石』、『修道女』）では、劣情をそそるエロティックな物語が社会および教会における風俗の退廃を暴くという公然たる意図と結びついている。イギリスの影響を強く受けて書かれた、ディドロがむしろ感傷的な作家であることを示す『ラモーの甥』と『運命論者ジャックとその主人』という後期の対話体小説では、彼は意志の自由といったような根本的な問題を対話を通じて究明しようと試みている。ただし、彼の立場は不明瞭なまま、もしくは揺れ動いたままであることがしばしばである。「催涙喜劇 comédie larmoyante」から悲劇と喜劇の間の第三のジャンルとしてちょうど発展し始めた「まじめな劇 drame sérieux」についての、当時としては革新的なディドロの理論も、緒に就いたにとどまる。

自然と社会の研究者

『百科全書』の刊行はフランスにおける啓蒙運動の突破口を意味した。こうして百科全書派周辺から、理神論的・無神論的傾向と感覚主義的・唯物論的傾向が進展してくる源泉となる一連の著作が登場する。その上、フランス啓蒙思想が自然主義的な傾向を強めるにつれて、人間および人間社会の解釈にとって重大な帰結も、倫理学と社会哲学の分野においていまやますます豊かなものになっていく。このタイプのフィロゾフたちが、数こそ少ないにせよ、フランス啓蒙運動のイメージを決めた。それは単に彼らの時代だけにとどまるものでもなければ、単にフランスそのものだけにとどまるのでもない。

ビュフォン伯ジョルジュ＝ルイ・ルクレール（一七〇七―八八）は、一七三九年から王立植物園の園長を務め、百科全書派と緊密に共同作業を行っていたが、政治的な争いには関わり合わなかった。『百科全書』における自然科学関連の項目記事の多くは、直接・間接にビュフォンに由来している。彼の記念碑的著作である『博物誌』は一七四九年以降に刊行され、彼の死後一八〇四年にいたるまで刊行が続けられた。それは四四巻を擁し、自然をその現象形態からだけでなくその推定上の歴史からも記述するものであって、同時代人によって『百科全書』に比せられた。ビュフォンは自然を目的因から解明することを斥け、有用性の観点から記述する。彼の理論の一部は極めて時代の制約を受けたものであるにもかかわらず、その多くの個々の洞察ならびに学問に対するその楽観主義によって、近代自然科学の発展、とりわけその普及に貢献した。それはとりもなおさず、彼が同時に洗練された文章家でもあったからである。「文体は人そのものである」という有名な一文は、彼のアカデミー就任演説（『文体についての演説』一七五三）に由来する。

既に若い頃に上席徴税請負人の公職を得ていたクロード＝アドリアン・エルヴェシウス（一七一五―七一）は、早くから裕福な生活を送り、邸宅に引きこもって自身の哲学的嗜好に時間を割くことができた。彼は若い頃に詩的な作品を幾つか著したあと、道徳哲学と法哲学を自己愛に基づいて仕上げることに取り組んだ。一七五八年には彼の最も有名な著作『精神論』が刊行された。ところが、彼の『人間論』を刊行できたのは、その死後、ようやく一七七三年になってからであった。というのも、精神についての広範囲に及ぶこの論考が多方面から批判され、しかもその批判は単に宗教的、政治的な保守の界隈においてだけでなく、フィロゾフの間でも起こったからである。エルヴェシウスは、既に一七五九年にはドイツ語で翻訳出版することができたその著作を、とりわけ教会と宗教に対するその批判ゆえに、破棄することを強いられた。ただし、彼は――彼以前・以後の他の多くの人たちと同じく――自己愛はわれわれの行動における唯一の真の動機であり、われわれはその自己愛に基づいて快を追い求め不快を避けようとする、と主張したに過ぎなかった。したがって彼によれば、自己愛を「公共の安泰」と調和させるには、自己愛を正しく導くことに全てがかかっている。エルヴェシウスもまた公共の福祉を規範として堅持していたからである。

無神論的・唯物論的な傾向が最も際立って見出されるのが、プファアルツ〔ドイツ南西部〕人のパウル・ハインリヒ・ディートリヒ・ホルバッハ男爵（一七二三―八九）である。彼はパリで育ち、そこではポール＝アンリ・ティリ・ドルバックという名で生活した。彼は『百科全書』の寄稿者であったと同時に、その財産ゆえに『百科全書』の最も有力な支援者の一人でもあった。彼の過激な思想信条は、ただ匿名でしか、もしくは外国でしか公表できなかった。彼は最初は教会とキリスト教に対する一連の論駁を著しており、これに関連して一七六九年に既に亡くなっていた文法学者デュマルセの名を使って偏見についての論考（『偏見論』）も出版していた。だがこの論考は現在までデュマルセ自身に帰せられることも珍しくない。その後一七七〇年、ドルバックは自らの思想信条を原理的で包括的な著作（『自然の体系』）の中で示そうとした。この著作は、啓蒙思想に敵対する人びとからだけでなく、例えばヴォルテールからも痛烈な批判を浴びた。最終的に彼は社会の諸問題に取り組み、幸福主義的な倫理学を基礎にして（そしてそれは彼の唯物論的な考え方に矛盾しないわけではなかったが）、理想的な社会体制についての考え（『社会体制』一七七三、『道徳の支配』一七七六）を展開しようと試みた。

およそ一八世紀の半ばから後期啓蒙の時代にかけ、様々な素性と多様な意図とを持った著作家たちが社会組織の改良という問題に根本的に取り組むようになった。そしてそのきっかけは、明らかに特にフランスの経済・社会危機であった。この取り組みにおいては、ユートピア小説と経済を視野に入れた論考との間の境目は流動的であった。農家の息子であったジャン・メリエ（一六六四―一七二九）は、両親の望みで聖職者となり、不信心にも見えたものの、生涯聖職者を続けていたが、死の直前にある種の政治的な遺言書を著述していた（『ジャン・メリエ遺言書』）。そこでは、教会批判から始まって革命と財産共有制を要求するに至る議論が展開されていた。この著作はヴォルテールによって要約され、過激さを取り除かれて一七六二年になってようやく出版された。メリエの生活と著作との矛盾においてとりわけ露呈しているのは、彼が当時のフランスの情勢のために公的には大勢に順応しても、それが私的な信条とは一致しないという事態を強いられていたという事実である。ガブリエル・ボノ・ド・マブリ（一七〇九―八五）は、法官貴族の出身で、最初に成功を収めた著作において絶対王政をまだ正当化しており、それによって枢機卿の秘書にすらなった。しかしその後、特に『法学もしくは法の原理』（一七七六）で、共産主義的な傾向を帯びた民主主義的な社会秩序の必要性を訴える。後にジャコバン党員たちは彼の構想の幾つかを引き合いに出した。ルイ＝セバスチャン・メルシエ（一七四〇―一八一四）は、二四四〇年を舞台にしたユートピア小説（『西暦二四四〇年〔「この上ない夢」〕』一七七〇）で有名になったが、その中で彼は個人を完全に社会の下位に位置づけている。後に彼は影響力のある演劇論を著したが、そこでは今や悲劇と喜劇が演劇の亜種としての役割を担っている。

フランス革命前の数十年間で支配的であったのは、経済的・社会的な思想におけるユートピア的な構想ではなく、先ずはいわゆる重農主義者たちの理論であった。全ての富を国民経済に還元するこの理論は、国家の豊かさは商業によって獲得された国家の金融財産に依拠すると主張する伝統的な（後に重商主義と呼ばれる）理論に対抗した。重農主義者たちが説いたものは宮廷医師フランソワ・ケネー（一六九四―一七七四）によって基礎づけられた。その最も著名な代表的人物はテュルゴ、フルネームでローヌ男爵アンヌ＝ロベール＝ジャック・テュルゴ（一七二七―八一）である。彼は、功績は残さなかったものの、短期間大臣まで務めた。何人かの重農主義者は、自らの理論を現実化できるよう、ある種の啓蒙専制政治を望み、それゆえに（啓蒙された）絶対主義に再び近づいた。

反啓蒙の思想家ルソー

啓蒙運動は、自由思想的なものであれ社会に目を向けたものであれ、フランスでは国家と教会によって様々な形で妨害された。しかし当然のこととして、啓蒙運動は精神に関わる論争の対象でもあったし、たいていはカトリックによる、攻撃される立場を擁護し、フィロゾフたちを笑いものにしようと試みる、反啓蒙も存在した。啓蒙家たちの視点から「反フィロゾフ」と呼ばれた、このような敵対者たちの中で最も著名な代表的人物が、ヴォルテールに対抗して彼とは異なる辞典を出版したクロード＝アドリアン・ノノット（一七一一―九三）である。とはいえ、啓蒙を初めて真に問題視したのは、フランスで生活していたスイス人ジャン＝ジャック・ルソー（一七一二―七八）である。彼はアウトサイダーとしての鋭い視点で啓蒙の限界を暴いた。彼はヴォルテールが主催しているパリのサロン文化を根本的に問題視した。そして、とりわけドイツの詩人たちのサークルに見られる啓蒙的な悟性重視の宗教が、ルソー自身の感情重視の宗教によってただちに駆逐されると考えた。ルソーにとっては、フィロゾフは理想ではなく、退廃した文化が形となって現れたものに過ぎなかったのである。

ジャン＝ジャック・ルソーはカルヴァン派の時計職人の息子としてジュネーヴ共和国で生まれた。規則正しい生活ができず、若くして既にフランスへ逃れた彼は、そこで母のような〔ヴァランス夫人という〕恋人の影響を受けてカトリックに改宗した。一七四一年にパリに出て、そこで百科全書派たち、とりわけディドロと接触を持った。一七五〇年に彼が一挙に有名となったのは、ディジョン・アカデミーの懸賞論文課題「学問と芸術の進歩は道徳を向上させることに寄与したか」に対して、時代精神に異議申し立てをして否定的な応答をし、アカデミーが彼の論文（『学問・芸術論』一七五〇）に最優秀賞を与えたときのことである。ところが、さらに別の懸賞論文課題への応答として書かれた、人間における不平等の起源とその根拠についての彼の第二の論文（『人間不平等起源論』一七五五）によって自身の考察の成果をさらに反復しようとしたルソーの試みは失敗した。その間、彼は一七五四年にジュネーヴに戻り、そこでカルヴァン主義に再改宗し、市民権を獲得して、教育を受けていない幼い一人の少女を人生の伴侶に選んだ。彼の数人の友人によってフランスへ連れ戻され、金銭的支援を受けたルソーは、今度は『ジュリー、または新エロイーズ』（一七六一）、『エミール、または教育について』（一七六二）、『社会契約論』（一七六二）と主著を矢継ぎ早に著した。ただし、『エミール』の公刊によって、彼は数年間にわたる政治的迫害を招くことになった。自然宗教と感情を中心とする宗教を説く「サヴォワ助任司祭の信仰告白」という一編が『エミール』の中にある。その一編は厳しく批判されたが、それは単に教会側からの批判にはとどまらなかったからである。パリの議会はルソーに対して逮捕状を出し、彼の本はパリとジュネーヴで発禁処分となって、ルソーは潜伏生活を送らざるを得なくなった。こうして彼はヒュームと共にイギリスへ渡り、そこで『告白』を執筆し始めた。迫害妄想と神経症で錯乱状態となったルソーは一七六七年にフランスに戻り、そこで人生の最後の数年間を世間と全く隔絶したまま過ごした。

ルソーはフランスの政治・文化状況の批判者として、絶対主義と啓蒙全般の批判者となった。彼はそれどころか古くて同時に新しい原初性を予言するまでになった。彼の第一論文〔『学問・芸術論』〕は、情熱的に披露された反知性主義的な文明批判である。それによれば、学問と芸術は有害無益であり、人間の原初的なよき自然本性、とりわけその原初的な共同体的美徳を台無しにしたのである。第二論文〔『人間不平等起源論』〕でルソーは、人間性の発展を前著とは幾分異なった仕方で考察しようとしている。それによれば、自然人〔自然状態における人間〕は原初には個々人で充足した生活を送っており、ただ交尾期においてのみ複数の人間が一緒になる。人間たちが互いを必要とする瞬間になって初めて、原初的な平等が失われる。そして農耕と分業を採用することで私有財産が発生し、それと共に国家契約によって承認された不平等と不自由を伴う市民社会が成立する。それによって、原初的で自然本性的な自己愛が、有害で自堕落な利己心となる。一七五四年には既にその主要部分が書かれていた『社会契約論』の中でルソーは、さらに踏み込んで現在の社会状況に対する歴史学的・批判的な理解の方向へと歩みを進める。そして、社会契約はいまや、自己を完成させていく人間の可能性の道のりにおいて必要な一歩と見なされる。国家成立以前の自然人は、自由で自己充足した存在者であるが、市民的な自由としてより高い次元において取り戻すためにだけ、自らの自然状態における自由を放棄する。社会契約においては一般意志が形成される。一般意志は全ての特殊意志に対して絶対的で規範的な優位を持っているが、個別的な意志の単なる総計、つまり全体意志と取り違えられてはならない。社会契約は個々人を、つまり彼らの生命と財産を保護する。良き市民は、自己自身を一般意志のうちに再び位置づけ直す。良き市民は、ルソーによって国民もしくは人民とも呼ばれる共同体に従うことによって自己自身に従うゆえに、自由を維持する。それゆえに、たとえ個々の点では国家における権力の分配を経由して個別の取り決めが可能であるとしても、人民の主権は不可分であり、譲渡できない。ルソーはこうした人民主権の理論によって、たとえ彼自身は自らが理想化したジュネーヴの共和制をモデルとした小さな政治的公共体にとらわれたままであるにせよ、フランス革命や一九、二〇世紀において台頭してくるような民族主義的な国家哲学や神話的・全体主義的な国家哲学のための基盤を準備している。

社会状況に対するルソーの批判と真の社会に対する彼の希求は、不可避的に道徳と教育の問題へと行き着かざるを得なかった。ただし、彼の書簡体小説『新エロイーズ』は、一つの「哲学小説」ではあるが、そこで問題となっているのは、さしあたりはまだ個人のエロティックな心理的葛藤の解決であった。小説のヒロインとその夫、そしてその愛人という三角関係の中で、ヒロインのジュリーはたしかに禁欲と義務の方を取ることにするが、理性の悲劇的な勝利という結末によって、実際のところは、感情の価値が正当に引き上げられている。本書は当時の文学界でベストセラーとなった。その後、ルソーは『エミール』において、幼年時代（子どもらしさ）についての新たな理解を基礎づける。全ての原初的なものと同様、子どもたちもその本性上よきものである。教育はその第一の主要課題を、全ての有害な影響を子どもたちから遠ざける（もちろんそれは実際にはただ私的教育を通してでしか可能ではない）ことのうちに見出さなければならない。教育は、その上さらに、成長の個々の段階に注意を向け、子どもたちにそのつどの子どもらしさの段階に応じて学習させなければならない。加えて、正しい教育には性別に特化した養育が欠かせない。ルソーは、このことによって、女性を自然的で感情的な存在であるとする新たな解釈のための基礎を築くのである。

文学者

ルソーの世界観、熱狂的な本性理解、感情の評価の引き上げ、政治的共同体の新たな理解、幼年時代の発見、性別ごとの教育についての再解釈、そしてその情熱的な言葉遣い、これらは全て単に哲学、政治、教育学に（とりわけドイツにおいて）影響を与えただけでなく、言葉の最も広い意味における文学にも影響を与えた。いまやルソー主義的な傾向、すなわち牧歌的生活を規範とする傾向が、様々な分野で啓蒙の持つ合理主義的な傾向と競い合うようになる。たしかに、いわばすでに古典的な啓蒙文献は依然として存在してはいるが、いまや大成功を収めているような文献は、概して新たな作品群に属している。若い世代の著作家たちに共通しているのは、彼らが皆、後期絶対主義のフランスにおける道徳的状況を公然と非難し、その限りでは歴史的に見れば事実上革命前夜に位置している、という点である。例えばジャック＝アンリ・ベルナルダン・ド・サン＝ピエール（一七三七―一八一四）は、ルソーの全面的な影響下にある。彼は大成功を収めた小説『ポールとヴィルジニー』（一七八八）で、二人の自然児をパリの悪辣な社交において挫折させる。ニコラ・エドム・レチフ・ド・ラ・ブルトンヌ（一七三四―一八〇八）は、都会と田舎という、「社交と自然」に類似した対比的枠組みを基礎にして、書簡体小説『堕落した農民もしくは都会の危険』（一七七六）を著す。この小説では、地方出身の二人の兄妹が都会の危険にさらされ、その結果死に至る。しかし、最も成功を収めたのは、ピエール・アンブロワーズ・フランソワ・ショデルロ・ド・ラクロ（一七四一―一八〇三）の書簡体小説『危険な関係』（一七八二）であった。彼はその中で、無実の罪で追跡を受けるという主題を扱って、貴族批判を行っている。それと同時期に、衝動の赴くままに生きることを極めて過激に宣伝したサド侯爵（一七四〇―一八一四）の小説の中では、よき自然本性という理念が、それと正反対のものに転倒させられている。

この頃には、演劇の世界においても社会批判の傾向が優勢になる。とりわけ社会批判に特化した喜劇の中にそのことが見て取れる。この分野で今日に至るまでよく知られているのは、ピエール＝オギュスタン・カロン・ド・ボーマルシェ（一七三二－九九）である。彼は、啓蒙的な道徳上の説教によってではなく、意味ありげな明朗喜劇によって知られている。彼の最初の大成功は『セビリアの理髪師』（一七七五）であった。これは、イタリアのコメディア・デラルテ〔仮面を用いた即興の風刺喜劇〕をなお強力な手本として受け継いでおり、それゆえに既に元からオペラ・コミックの特徴を持っている。この作品の主人公はアルマヴィーヴァ伯爵ではなく、貴族階級の化けの皮を剥ぐ従者フィガロである。それ以上によく知られている続編の喜劇『フィガロの結婚』は、数年間にわたる検閲との対決を経て、一七八四年にようやく上演することができた。この作品では、貴族批判という政治的要素がよりあからさまになっている。この喜劇は悲劇すれすれのところまで近づいているが、人物の内面の葛藤が今一度明朗な喜劇として解決されている。

フランス革命下の人物群像

一七八九年、フランス全土で様々な反乱が起こった後に、パリで大革命が勃発する。ルイ一六世は深刻な財政難を理由に一七八九年二月にフランス議会、いわゆる三部会を一六一四年以来初めて招集した。市民階級を代表する議員たちは、自分たちが身分ごとに区分して構成されている議会では不利な扱いを受けていることを理由に、ミラボー侯爵（一七四九－九一）の支援を受けると共にシェイエス神父（一七四八－一八三六）および彼の小冊子『第三身分とは何か』によって自信を強め、自分たちこそ正当な国民議会だと表明し、「その議会を解散せよ」との国王の命令を無視した。これが革命の最初の行動であった。ほどなくして、国民議会がヴェルサイユで開かれて憲法についての審議を行なっていた間に、パリでは民衆の蜂起が起き、一七八九年七月一四日に、バスティーユ牢獄への襲撃へと発展した。多くの農民がこの暴動に加わり、貴族を追放し始めた。その後一〇月、パリの市場で働く女性たちを先頭に民衆の大群がヴェルサイユに向けて行進し、国王一家は囚われの身となりパリに連れ戻されることとなった。それでも、彼らのうちの穏健派の者たちが一七九一年に、富裕な市民階級の関心が反映された最初の憲法を議会で通過させることができた。国王はフランスからの逃亡を試みたが、拘束されてしまう。これによりフランスは事実上、共和制となった。

これと同時にいまや革命は急進的な第二段階に入り、血なまぐさい恐怖政治が始まる。プロイセン・オーストリア連合軍が、窮地に陥っていた国王を手助けするためパリに近づいてきたので、激高した暴徒は新憲法への宣誓を拒んだ多くの貴族と聖職者がいる牢獄に押し入って、一七九二年の「九月の虐殺」で、貴族と聖職者が大量に殺害された。国民公会では穏健なジロンド派が、ジョルジュ・ジャック・ダントン〔一七五九–九四〕とマクシミリアン・フランソワ・マリー・イシドール・ド・ロベスピエール〔一七五八–九四〕が率いるジャコバン派の煽動者たちに対して闘ったが、それも無駄に終わる。今や「市民となった〔元王家〕カペー」と呼ばれるこの国王は、国家反逆罪を理由に告発され死刑を宣告されて一七九三年に処刑され、その後、外国人だとして嫌われていたオーストリア出身の王妃マリー・アントワネット（一七五五―九三）も処刑される。これに続けて多くのジロンド派の人たちも迫害や処刑を受け、最後にはロベスピエールが、自身のライバルで、こうした流血の結末に賛成していたダントンをも殺害させてしまう。いまやフランスは、ロベスピエール率いる公安委員会によって首脳部を抑えられ支配される。ロベスピエールは、とりわけ自国内の反乱を革命軍によって残虐に制圧することに取り組む。なかでも彼は「革命暦」を導入し、フランス全土を新たな行政区画に区分して、「最高存在」の崇拝を国家宗教に定めさせることによって、全く新たなフランスを創設することを望んだ。彼はどうやら自分の敵対者を全て粛清することによって徳の共和国を創設することができると信じていたようだ。しかし一七九四年七月二七日、公安委員会で反動が起こる。というのも、いつの間にか誰もが自らの生存に危機を感じざるを得なくなっていたからである。翌日、ロベスピエールは自殺を試みたが失敗し、処刑される。このジャコバン派による公安委員会にとって代わったのが穏健派による総裁政府である。総裁政府は財政を立て直そうと試み、プロイセン・オーストリア連合軍に対し対抗軍を組織する。というのも、プロイセン・オーストリア両国は、一七九二年の有名なヴァルミーの砲撃によって引き返すことを余儀なくされたため、改めて新しい共和国に対して第二の共同戦線をとって屈服させようと試みているからである。一七九九年、強大な軍司令官ナポレオン・ボナパルト（一七六九―一八二一）は総裁政府を倒し、はじめは第一統領として、後にフランス皇帝として、フランスにおける権力を強引に手に入れることとなる。

　フランス革命が勃発したとき、啓蒙に敵対する重要な人物のほぼ全員が亡くなっていた。したがって、フィロゾフたちが直接、政治的な出来事に巻き込まれることはなかった。それどころか、存命中の百科全書派のほとんどが革命に対して反対の立場をとってさえいた。革命に積極的に関与した少数者の一人が、コンドルセ侯爵（一七四三—九四）であった。彼は早くからパリの啓蒙運動に加わっており、数学と科学の研究で知られ、革命期には立法議会議員となり、一時は議長も務めた。彼は、急進的なジャコバン派によるジロンド派の失脚後、告発されたが逃亡し、潜伏して『人間精神進歩史』を著すことができた。哲学、科学、技芸の進歩に対して饒舌な賛辞を送るこの著作において、フランス啓蒙はある種の自己反省に達する。この著作では、こうして復権させられ賛美されているデカルトの時代から、真の社会的自由の端緒として賞賛されるフランス革命に至るまでの時代が、直近の歴史時代として登場する。新しい「分析的な」哲学が、コンドルセによって他の諸学問と多少なりとも混ぜ合わされて、さらなる進歩をなし遂げ、人間をより完全なものにしようと図ることとなる。

4　啓蒙《リュミエール》——啓蒙についての解釈と〈啓蒙〉本来の意味

解釈——フランス啓蒙についての一解釈

「批判」と「革命」は、フランスにおける啓蒙時代の二つの特徴的な側面を浮かび上がらせるキーワードであり、「無神論」と「唯物論」というタームよりもフランス啓蒙の形態と現象を一層よく捉えている。フィロゾフたちによるジャーナリズムは攻撃的で、言葉遣いも過激である。国家と教会に対する批判は、フランスにおいてほど論戦的なことはない。そして、一七八九年の革命におけるような社会状況の全面的な変革は、フランスにおいてのみ起こったことである。この大革命は政治革命そのものであり、少なくともその結末としてはフランス啓蒙の一部分である。しかし、フランス啓蒙全体を〈批判〉と〈革命〉という現象の方から現代的な視点で眺めることはもちろん許されはしない。というのも、「批判」と「革命」という概念は、フランスにおいても、一八世紀の最後にいたるまで、いかなる役割も演じていなかったに等しいからである。〈批判〉とは、フランス啓蒙においても、とりわけ文献学的・歴史学的批判、および芸術批評を意味している。〈革命〉とは、一七八九年までは、啓蒙においてもとりわけ天体の回転運動を意味しており、ただし曖昧なかたちでは既に政治的な変革を意味している。そしてフランス革命そのものによって初めてその現代的な用法がはっきりと姿を現し、それと共に〈革命〉と〈改革〉の区別も出現する。

フランス啓蒙をどのように解釈するのかは、それ自体多義的なフランス革命とフランス啓蒙の関係をどのように解釈するのかということによって本質的に決定されることとなる。当然ながら、フランス革命の判定に際しては解釈する側自体の政治的立場が大きな役割を演じることとなる。革命家たち、あるいはそうでなくとも革命の最も重要な指導者の幾人かは徹底した者たち、つまり実践に移す啓蒙家たちに他ならなかったのか、それとも、ある特定の種類の啓蒙の代表者たちだったのか。啓蒙が革命を準備したのは意識的だったのか、それとも無意識的だったのか。既に当時の啓蒙の反対者たちと革命の敵対者たちは、啓蒙と革命との間には因果連関がはっきり認識できると主張していた。つまり、革命は啓蒙の必然的な帰結であり、それどころかもしかしたら革命は啓蒙の主唱者たちによって引き起こされたかもしれない、というのである。それに対して他方では、たしかに啓蒙には賛成だが革命には（特にその最後の段階に関しては）反対だという立場をとって、革命における啓蒙の役割をむしろ最小限に抑えて評価しようとする人びともいる。つまり、啓蒙は本質的に精神面での運動であり、それに対して革命はどのみち社会革命、つまりパリの暴徒による産物だ、というのである。しかし、革命のそのつどの指導者層が、啓蒙の諸理念とルソーによる啓蒙批判の諸理念をも用いて、これらの理念のうちの幾つかを（「自由、平等、友愛」、さらには「人間と市民の権利」という）手ごろなスローガンに仕上げたのも確かなことなのだ。たとえ大多数の革命家たちがフィロゾフたちの理論の多くをおそらくほとんど意識していなかったにせよ、随所に見られたフィロゾフたちの批判的な考え方が、大変革のための基盤を準備したことは確実である。たしかに、フランス革命においては、理論的・批判的な論究が、いかに容易に実践的・独断的な行動に転じてしまうかということも示されている。それどころか、啓蒙が（もしそれが多少なりとも閉鎖的な理論と見なされるなら）反啓蒙的な暴力政治の道具に利用されることも示されている。

自己解釈——啓蒙の時代における「啓蒙」観

ところで、フランス啓蒙を解釈する仕方は、それ自体多義的なフランス革命に対する啓蒙の関係を解釈する仕方だけに左右されてはならない。フランス啓蒙を解釈するには、フランス啓蒙の代表的人物たちの自己理解、ならびに——こうした言い方がそもそもできる範囲内で——啓蒙についてのフランス的な概念も特に考慮に入れなければならない。なぜなら、フランス語には、ドイツ語の「アウフクレールング」に対応する語も、「アウフクレーラー」に対応する語もないからである。たしかに、〈照らす〔明るくする〕éclairer《エクレレ》〉（アウフクレーレン）という語は存在するし、そこから派生した〈照らされたéclairé〉（アウフゲクレアート）という原理も存在する。その上、比喩的な意味で「認識」もしくは「洞察」とほぼ同じ意味を持つ〈光les lumières《リュミエール》〉という表現もフランス語には存在する。また、この「光」の表現に由来して、「啓蒙の時代」がフランス語では“le siècle des Lumières”、つまり「光もしくは認識の世紀」と表現される。〈エクレレ〉と〈リュミエール〉という二つの根本概念は、一八世紀においてフランス「啓蒙」の自己解釈に大きな役割を演じている。既に一七世紀後半には、光のメタファーの世俗的な用法も頻度を増してくるが、それはもしかするとデカルトの「明晰かつ判明」という言い回しの影響を受けてのことかもしれない。それだけに、ドイツ語の「啓蒙」に対応する言葉がフランス語にはないことは、より一層驚くべきことである。どうやらフィロゾフたちは、集団意識を持っていたにもかかわらず、普遍的な行動（民衆の啓蒙）を目指す義務を負っているとは、ドイツの啓蒙家ほどには感じていなかったようである。

第4章 ドイツ——形而上学と改革

1 啓蒙と絶対主義

啓蒙以前

イギリスやフランスと同じく、ドイツでも啓蒙運動の始まる事情には長い前史があり、啓蒙はその帰結である。〈ドイツ〉という名称が既に、地理的にも政治的にもそして文化的にもかなりあいまいで、実は時代遅れなものであった。狭義のドイツの領域は現在のドイツにほぼ一致している。しかし広義のドイツは一八世紀のドイツ帝国をも意味する。つまり、かつての〔ダンツィヒや東プロイセンを含む旧〕ドイツの東部地域とオーストリアをも含む地域を意味している。そして文化をも考慮した最も広い意味では、ドイツ語圏の全てであった。ドイツは中世にドイツ国民の神聖ローマ帝国の皇帝を擁し、主にこの帝政に関わる諸問題のために中央集権的な大国家へと発展することができなかった。そして三〇〇を超える侯国と帝国自由都市などに分散した政治的形態のままに、相互の利害が対立し合っていた。このような政治的領主至上主義は、宗教改革以降、宗派主義として一七世紀を特徴づけた教会の分裂によってさらに先鋭化した。イギリスでは宗教戦争時だけでなくそれ以後もプロテスタンティズムが政治的に貫徹され、フランスではカトリシズムが王政と結合してあらゆる逸脱者を抑圧することができていた。これに対してドイツでは宗派間で、ないしは一八世紀になってもルター派、カルヴァン派、そしてカトリック教徒と呼ばれていたように、これら三つの「宗教」の間で、決着のつかない争いが続いていた。宗教と政治をめぐるこのような状況は、一六四八年に締結されたウェストファリア条約によって基本的に承認されることとなった。このドイツでの宗教的ならびに政治的な地域主義は、そこから帰結する文化的地域主義と共に、この国の精神的発展が始まる状況としてだけではなく、この精神的発展の背景をなすものとしてもまた、一八世紀全体を通じて現在し、決定的であり続けたのである。

イギリスやフランスで、中央集権的な国民国家の形成が一七世紀には互いに異なった仕方で絶対主義的な傾向を強めたように、小国に分立したドイツでもこの傾向が強かった。しかしイギリスでは絶対主義が結局うまく機能せず、一六八八年には根本的に乗り越えられたのに対して、ドイツとフランスでは絶対主義がそれ以降より強力となり、いずれにおいても一八世紀末まで続いた。もっとも絶対主義はフランスでは〈大国〉のそれであったのに対し、ドイツではかなり家父長的と解される〈国家である〉多数の小さな地方侯国の絶対主義だったという点で、異なっている。ただブランデンブルク＝プロイセンにおいてだけは、絶対主義がスケールの大きい発展を遂げることができた。なぜなら絶対主義はここで、迅速に決定する官僚主義化と軍国化を進め、一貫した権力政策と拡張政策――この二つの政策は数世紀に亘ってプロイセンの、それどころかさらにはドイツの特徴となった――と結びついたからである。この政治は、〔プロイセンが〕王冠を獲得〔王国に昇格〕すること（一七〇一）で、最初の頂点を極めた。

プロイセンの啓蒙

統治者であったホーエンツォレルン家の最も重要な後裔はフリードリヒ二世（在位一七四〇―八六）である。彼は既に同時代人からフリードリヒ大王や卓越したフリードリヒと呼ばれていた。彼は皇太子の時から既に詩や音楽に並外れた関心を示し、同時代のフランス啓蒙哲学を愛好しており、なかでもヴォルテールを偏愛していた。それで多くの啓蒙家はフリードリヒに未来の哲人王（「北方のソロモン」）を期待していた。しかし彼は権力の座につくとすぐに、オーストリアの女王マリア・テレジア（在位一七四〇―八〇）が皇帝に選出されるのを妨げるために、彼女に対して戦争を始めたのであった。そして彼はシュレジエン戦争により、オーストリアが領有していたシュレジエン地方をプロイセンの領土とすることに成功する。その後フリードリヒ二世は再び自らの精神的な関心に没頭するようになり、ポツダムにロココ様式のサンスーシ宮殿を建造し、そこに著名人たちを集め、彼らとの会食を楽しんだ。彼がそこに招いたのは、ヴォルテールやラ・メトリといった、主にフランスの啓蒙家たちであった。しかしマリア・テレジアがプロイセンを外交的に包囲し始めたので、今度はフリードリヒはこれを防ぐために戦争を始めた。これが七年戦争（一七五六―六三）であり、双方共に何も得るところのないまま、消耗することになる。その後「老フリッツ」すなわちこのフリードリヒ二世を模範とし敬意を持つヨーゼフ二世（在位一七六五―九〇）が〔オーストリアの共同〕統治者の座についたので、オーストリアとの緊張した関係が緩和され、自国を再編し近代化することに取りかかることができた。しかし彼には人間軽視の傾向があったので、もともと持っていた理想主義は消え去る。その結果、当初啓蒙哲学を政治の実践へと応用し、全ての人を啓蒙しようとした啓蒙専制君主は、国民は啓蒙に値しないと考えるに至ったのである。

啓蒙と絶対主義の間で引き裂かれたプロイセン王は唯一人一八世紀のドイツに「フリードリヒの世紀」をもたらした。彼が抱え持つ人格の分裂のもとで間もなく人びとは、カトリック陣営とプロテスタント陣営の間だけでなく、プロテスタントの領邦内でも分裂状態に陥ることになる。フリードリヒはプロイセンを啓蒙の新たな中心地にした。しかし彼の偏愛したフランス啓蒙は、ポッダムの宮廷とベルリンのアカデミーでは強い力を持っていたが、官吏、教師、牧師そしてフリーの著作家から成りドイツ啓蒙哲学によって鍛えられたベルリンにあるドイツ人の啓蒙団体とは、対立をより一層深めていくことになる。いずれにしても、それでもプロイセンはインテリ層の自己理解によれば、すなわち「啓蒙された官僚政治」という観点から見れば、啓蒙の国であった。しかしフリードリヒの死によってプロイセンにおける啓蒙は急速に終焉へ向かい始める。プロイセン一般ラント法（一七九四）が本質的にまだ啓蒙の生み出したものであったのに対して、一七八八／八九年の宗教勅令は既に近代的な精神を法律によって押さえ込もうとするものであった。フランス革命に続く戦争の勃発によって古いプロイセンは軍事的に終焉を迎えるのである。

宗教と神学

とりわけ政治的な理由からカトリック領邦とプロテスタント領邦間の対立が帝国内に残存したのに対して、プロテスタンティズム内部の宗教的に戦闘的な集団は次第にその意味を失っていった。それでも啓蒙において宗教の問題がさらに長らく重要な役割を担ったことは、ドイツ啓蒙の重要な特徴である。政治的視点から見るならば、宗教問題は一六四八年に基本的には調整されることになった。その限りドイツの緊張した情勢はイギリスやフランスに比べれば緩和されていた。つまり宗教的な熱狂者に対して俗人の分別が勝利したわけだ。それはまた政治と宗教の分裂を前提とする妥協でもある。いずれにしても宗教の領邦主義は、個人の良心の問題に関して、別の領邦へと逃れるという可能性を提供していた。さらに、自らの領内に複数の宗派を持った領邦もあり、時には衆目の的となる異宗派間の結婚や領主自身の改宗も、特に政治的理由からなされることがあった。また同盟や再同盟の折衝による宗教的分裂の克服も様々に試みられたし、また敬虔主義での敬虔、ないし道徳、特に初期啓蒙に見られるような道徳によって、宗教的分裂を克服しようとする試みもあった。いずれにしても根本的な宗教批判を引き起こすようないかなる理由もさしあたりはないように思われた。しかし宗教の問題を慎重に取り扱うのには十分な理由があった。ドイツの啓蒙家たちは一般に「理性的な」キリスト教を信奉すると公言しており、これを基盤として多数の神学者も啓蒙家として活動することができたのである。

啓蒙運動にとって重要となる宗教と神学の発展は、先ずプロテスタンティズムのうちに見出された。既に一七世紀の六〇年代半ばには、信仰の問題が硬直化と浅薄化に対するリアクションとしてルター派正統主義のうちで敬虔主義の運動が起こる。この運動は、ほぼ同時期に始まった啓蒙――したがって新しい敬虔性は、初めのうちは啓蒙と結びつくことができた――と同じように、信仰経験の内面性と信仰の実践的営みを強く求めた。敬虔主義の創始者はフィリップ・ヤーコプ・シュペーナー（一六三五―一七〇五）である。彼は自分の信奉者を聖書の読書会（「敬虔の集会 Collegia pietatis」）へと誘い、一六七五年には『敬虔なる願望 Pia desideria』という著書を刊行している。「敬虔主義者（極端な信心家たち）」と嘲弄された彼の信奉者たちの中で最も重要な人物はアウグスト・ヘルマン・フランケ（一六六三―一七二七）である。彼は神学者としてハレに招かれ、そこで後に有名となる孤児院を創設した。フランケは敬虔主義を一方で回心の神学へと、他方では世界内での実践的な活動へと発展させた。後に敬虔主義は、特にニコラウス・ルートヴィヒ・フォン・ツィンツェンドルフ伯爵（一七〇〇―六〇）によって宗教的神秘主義へと、またヨハン・アルブレヒト・ベンゲル（一六八七―一七五二）によって黙示録的な歴史神学へと更に発展した。

敬虔主義が理論的にも実践的にも定着した後、啓蒙運動に敵対して激しい闘争を始めたのに対して、啓蒙の哲学は神学に対して徐々に、しかも目立たない仕方で影響を及ぼし、いわばゆっくりと浸透していくことができた。さしあたり神学者と哲学者は（少なくとも言葉の上では）、理性と啓示は原則的に互いに矛盾するものではないと考える点で一致していた。それどころか、ある時期には（いわゆる物理神学においては）、世界についての自然科学の記述と説明を神の存在証明と見なすことが流行りもした。けれども理性と啓示の調和を前提とする枠組みの中で、論争の際には理性がますます有力な基準となる。そして一八世紀の半ば頃には神学内で、個人の深い信仰心と聖書の理性的な説明の可能性を出発点とする新教義派《ネオロギー》の思潮が広まる。ただし、これとほぼ同時期に、徹底した聖書批判も始まる。これは一八世紀の後半、特にイギリスの理神論の影響下で、例えば全ての奇跡を否定するいわゆる理性主義をもたらす。以上に述べたこれらの議論に関与しなかったカトリック陣営では、ようやく一八世紀末になって、啓蒙的で教皇に反対する改革運動が起こった（フェブロニウス主義）。

文化と芸術

ドイツの文化的状況は、当時の制度と財政の状況に基づきながら、政治的ならびに宗教的な事情を反映していた。ドイツは宗教的・政治的にも経済的にも統一されておらず、せいぜいのところ文化的に統一されていたに過ぎない。したがって首都もなければ政治的かつ精神的な中心地も存在しなかった。ドイツ文化圏はなるほど共通の言語を持ってはいたが、この言語は共通の大文化の持つべき洗練を欠いており、国家的アカデミーによる（「ドイツ語を洗練せよ」というような）奨励もなかったのである。

さらにドイツ語は一八世紀になってもまだかなりの間、大学ではラテン語の陰に隠れており、宮廷ではフランス語の陰にあった。というのは、個々の侯国は自らの政治的安定を確保するために官吏を養成する機関として大学を必要とし、大学は宗派によって互いに異なっていたので、ドイツは(一七〇〇年頃に約四〇の大学を擁する)大学の国となり、この教養層の文化は、フランスの影響下にあった宮廷の文化とは明確に異なっていたからである。その上、大学教授を輩出した市民階級は同質的でなくばらばらであった。市民階級は政治的に無力であり、芸術や文化のパトロンとしても、さしあたりはほぼ考慮に値するものではなかった。それでも一八世紀が経過するうちに、特に啓蒙運動の影響下で、政治的ならびに宗教的な境界を全て越えて、相互に結びついたドイツ文化圏なるものが次第に生成する。それにはまた、オーストリアとスイスのドイツ語地域が多少とも算入されることになる。より正確に言えば、カトリック文化圏とプロテスタント文化圏という二つの文化圏が、ないしは二つの中心を持つ一つの文化圏が存在したのである。

一八世紀はドイツ史上最も豊かで多彩な文化期の一つだった。しかし文化の発展の仕方は、分野ごとに、例えば芸術と学術とでは、言うまでもなく非常に異なっていた。自然科学と技術は、地方のアカデミーが促進するものではあったが、それにもかかわらず比較的小さな役割しか担わなかった。またゲオルク・クリストフ・リヒテンベルク(一七四二―九九)のように、自然科学者でありつつその傍らで豊かな精神に満ち溢れたアフォリズムを用いて思索した人は、ドイツでは稀だった。ただ、レオンハルト・オイラー(一七〇七―八三)が強い影響力を持っていた数学の分野で、ドイツの学術文化は時代の頂点を極める。啓蒙運動に対する芸術の関わりは、イギリスやフランスと同様どちらかというと希薄であった。芸術は独自の道を歩んでおり、その端緒はたいていは啓蒙期以前に既に見られた。例えば造形芸術は再現芸術として、宗教改革と絶対主義に奉仕する地位にとどまっていた。ダニエル・ニコラウス・ホドヴィエツキ（一七二六—一八〇一）は、アイロニーに富みまた物語性の強い図画作品を制作したことから、狭い意味で啓蒙に、すなわちプロイセンの啓蒙文化に数えることができる唯一の画家ないし素描家である。芸術はそれどころかその一部は啓蒙運動に反対する関係にあったようにすら思われる。すなわち、今日までその生命力を失っていない当時の音楽は——プロテスタントの地域ではゲオルク・フリードリヒ・ヘンデル（一六八五—一七五九）とヨハン・ゼバスティアン・バッハ（一六八五—一七五〇）、カトリックの地域ではヨーゼフ・ハイドン（一七三二—一七八八）とヴォルフガング・アマデウス・モーツァルト（一七五六—一七九一）によって——まさに啓蒙運動における不足を情動によって補うものであるかのように思われるのだ。けれども音楽に対する強力で生産的な趣向と哲学に対する趣向は、緊密に関係し合いながら（フランスやイギリスの社交文化とは異なり）内面性の文化を表現するものと見なすこともできる。啓蒙それ自身はいずれにしても先ずは理性の文化であり、それは何よりも哲学と文学のうちに表現されているのである。

2　学校の哲学と世界の哲学

ドイツの哲学はなかんずく次の二つの要因によって規定されていた。その一つは、キリスト教ならびに絶対主義国家との十分に積極的な関係であり、もう一つは大学との制度的な結びつきである。宗教と国家との積極的な関わりが哲学の内容を規定する要因であったのに対して、二つ目の要因は特に哲学の形式に関わることである。これら二つの要因がドイツでの哲学の発展とその機能にとって、また哲学者自身のあり方にとって、本質的な条件であった。ドイツの哲学者は多少なりとも敬虔で、基本的に国家に忠実な官吏として、およそイギリスの〈ジェントルマン・フィロソファー〉やフランスの〈フィロゾフ〉とは根本的に異なる人物像を持つ。ドイツでは、哲学者は一般に大学教授であり、国家ならびに教会と批判的に協力することを厭わなかった。それに対して、フリーの著作家としての哲学者というものは、ドイツでは既に社会的な諸条件のゆえに、ただ例外的な存在でしかあり得なかったのである。

大学の哲学としてドイツの哲学は先ず、良い意味でも悪い意味でも専門的な哲学であり学校哲学であった。すなわち哲学者は主に学生に授業を行い、学生のために、そして同僚たちと議論を戦わせるために書物を執筆したのである。そのような次第で、ドイツの哲学書は一般に極度の徹底性と方法に則る体系的な構造を持つ傾向があり、その結果いやおうなく杓子定規になりがちであった。加えて哲学は大学制度上、未だに下級の位置づけに甘んじていた。未だ神学のはしためだった中世以来哲学は上級学部（神学部、法学部、医学部）に対して、基礎課程を担当する下級学部であるに過ぎず、そこには狭義の哲学以外に自由七科が含まれていた。すなわち下級学部である哲学は、諸学と技芸の集まりであり、言語と数学、そして現在精神科学と自然科学と名づけられている諸学を包摂していた。ところが、ドイツの啓蒙哲学はその初期の段階で既に大学における自らの地位を向上させ、まさに最上位の学部として示そうとしていたし、同時に制度的にアカデミックにならざるを得ない自己のあり方を放棄ないし破壊しようともしていた。知を普及させることにより世界を変革しようとする啓蒙の要請は、哲学を全ての人のための、少なくとも教育を受けた人びとのための哲学として理解することに応えるものである。この脈絡において、一八世紀の哲学がドイツでは〈世界知 Weltweisheit〉と名づけられたことは軽視できない。「世界知」という表現は、もともとは宗教的な動機に基づいた嘲弄と侮辱を表すあだ名であったが、一七世紀後半には名誉あるあだ名として広く用いられるようになったのである。哲学は、神についての探究（神学）とは異なり、世界知なのである。それが世界知と名づけられるのは、哲学が先ず世界を対象とするからではない。それは、世俗的であることに力点が置かれるから、つまり（例えば啓示をではなく聖書をというように）世俗的な理性のみを用いるからである。また、世界のための哲学であろうとするから、換言すれば世間の人びとにとって実践的ないしはむしろ実用的な（「役に立つ」）哲学であろうとしたからである。この意味でドイツ啓蒙は既にその最初期から、学校の知識と世俗の知識を、すなわち学校の哲学と世界《ヴェルト》の哲学ないしは世間《ヴェルト》のための哲学を弁別していた。また世紀のなかばからは〈通俗哲学〉という表現が用いられるようになる。けれどもこれは一般に通俗化されただけの大学の哲学に過ぎず、いわばアカデミックな世界知であった。

ドイツ啓蒙哲学はゴットフリート・ヴィルヘルム・ライプニッツ（一六四六―一七一六）と共に始まったということができる。しかしライプニッツは、多くの新しい側面を持ってはいたけれども、本質的には未だ一七世紀の形而上学史の枠内に位置づけられる。たしかに彼はドイツで〈啓蒙する〉や〈啓蒙された〉という表現（正確にはフランス語で〈照らす〔明るくする〕éclairer〉と〈照らされた éclairé〉）を繰り返し用いた最初の一人である。ただ、その用い方はまだかなり曖昧で、時には同じ語を〈啓示を与える〉や〈啓示が与えられた〉という宗教的な意味で用いることさえあった。彼は鉱山労働の衛生管理からアカデミーの設立にいたるまで、様々な改革に尽力し、その意味では初期の近代化運動に身を置いていた。けれども彼の哲学的思索は人間学的なものには向かわず、基本的には宇宙論的ならびに神学的に現実世界全体の構造を解明することに向かったのである。彼の思想において、現実は生成するものであるということが強調されてはいるものの、永遠の調和こそが彼にとって中心にあった概念である。調和は「予定調和」として、究極的で実体的な諸々の単一体（モナド）――現実はこれらの単一体から構成されている――相互の一致を保証し、また特に心的事象と物的現象との一致を保証する（『モナドロジー』）。またこの調和は「普遍的な調和」として、この世界が考えられ得る限り最善の世界であることを保証し、現実に存在する災悪はこの世界の中で、より高次の善の完全性にのみ役立つ（『弁神論』）。これに応じて、ライプニッツは宗教と政治の領域でも調停と和解のために尽力した。彼は自分が批判的な啓蒙運動に結びついていると感じてはいなかった。むしろ彼が知るところとなるほぼあらゆる啓蒙家たちを伝統的な立場から批判した。

トマージウス

狭い意味でのドイツ啓蒙はようやくクリスティアン・トマージウス（一六五五―一七二八）と共に始まる。彼は、ライプニッツと同じく、ライプツィヒ大学教授の子息だった。法学者並びに哲学者として活躍したトマージウスは特に自然法論に、つまり、法律を超えて自ずと妥当する規範は存在するので、したがって自然法と本性的な義務も存在する、という教養に取り組んだ。したがって哲学と法学の交差する地点が、ドイツでは啓蒙の具体的な出発点となった。講義から生み出されたトマージウスの最初の作品は未だ伝統的な「神的法学提要」（一六八七／八八）という、古めかしいタイトルである。というのも、ここで神は自然法だけでなく、ただ一部の人びと（例えばユダヤ人）にとってのみ意味のある、いわゆる実定的な神の法の創始者の役割も果たすと見なされていたからである。このほんの少し後に、トマージウスはまた論理学（『宮廷の哲学』一六八八）を出版し、その第一部で世俗の人びとにとっての新しい実用的な哲学、つまり宮廷の人びとのための哲学を起草した。けれども実際の彼の意図は、ラテン語を用いて大学の知を近代化するといった段階を既に超え出たところにあった。一六八七年に既にトマージウスはドイツ語による講義（「フランス人を模倣することについて」）の講義公告をドイツ語で公にした。そこではドイツ文化を刷新する可能性について触れられている。これによってトマージウスはラテン語での学問的営みそのものを挑発することになったが、保守的な敵対者たちからの激しい攻撃にも動揺することはなかった。むしろ毒舌による反撃によって、具体的にはドイツ語の月刊誌（『月例談話』一六八八—九〇）を刊行することで逆襲したのである。この月刊誌は、この種のものとしてはドイツで最初の雑誌だった。

ライプツィヒ大学の保守的な教授たちとの争いから逃れるためトマージウスはハレへ、したがってザクセンからプロイセンへ転出し、そこで『現代の自由』（一六九一）を上梓した。彼はこのハレで、ドイツで最初の啓蒙主義的な大学の設立に参与した。同時にまた批判的な知識を提供することによって世界を道徳的に改善するという意図のもとに『理性論〔論理学〕』（一六九〇／九一）と『倫理学』（一六九二／九六）をそれぞれ二巻ずつ刊行した。こうしてトマージウスは熱意をもって先入見批判を開始し、あらゆる階層における「悟性の改善」と「意志の改善」のために奮闘した。女性たちもこの新たな人間形成の過程に参与することになる。『理性論』で彼はドイツ啓蒙のほぼ全体を規定することになる先入見論を、また『倫理学』ではキリスト教の隣人愛と共に最高の徳である理性的な愛についての理論を展開した。また同様に主要な情動（性欲、名誉欲、金銭欲）についても論じ、これが非理性的な愛についての理論として、理性的な愛についての理論と同じく、ドイツ啓蒙のうちで重要な役割を担うことになる。同時にトマージウスは、愛と正義の区別に基づいて、拘束力のある法と拘束力を持たない道徳の体系的区別を徹底することを始めた最初の人物でもあった。そこからさらに彼は、自然法についての第二の大きな構想（『自然法と万民法』一七〇五）において、互いに異なる三つの規範（正義、尊敬、礼儀）についての理論を展開した。特に法（正義 justum）と道徳（徳義 honestum）を区別することで、一方で国家を単なる法治国家の方向へと制限し、他方でこのことを基盤に、啓蒙された絶対主義という意味での、君主と教育者による分業的共同というアイデアを発展させることができた。君主は法を強制によって行き渡らせることで、目に見える社会の安定に尽力し、教育者は強制することのできない道徳的命令の遵守を人びとに強く求めることで、人間の内面の安定に尽力する。ただし、人間の真なる改善というトマージウスの願望は、この時代既に進歩に対する深い悲観主義にとって代わられていたのだった。

　トマージウスは活動の初期には、なかんずくルター派正統主義者たちと戦った。この立場から彼はまた若き敬虔主義者アウグスト・ヘルマン・フランケを法的に支援し、ハレ大学へ招いた。けれどもトマージウスは、敬虔主義者たちからの信仰に対する新たな威嚇を次第に恐れるようになった。そしてフランケが世俗的権力をより一層獲得するようになると、両者の間には亀裂が生じ、啓蒙運動と敬虔主義の間にあった当初の協力関係も終わりを迎える。常に思想の自由を追い求めていたトマージウスは自らの「哲学的信仰」を誰にも奪わせまいと考えていた。そしてまた神学的独断論を全て真理と称した思い上がりとして忌み嫌っていた。したがってトマージウスはまた、自らの豊かな神秘主義的な試論（『精神の本質について』一六九九）があるにもかかわらず、宗教的・道徳的危機を経て、形而上学に批判的な立場に止まり、老年期にはとりわけ魔女裁判の廃止といった実践的な啓蒙的改革事業に尽力した。

ヴォルフ

トマージウスの活動が終わりを迎える頃、クリスティアン・ヴォルフ（一六七九―一七五四）が全く異なる種類の哲学をハレにもたらし、この哲学が瞬く間にドイツ全土を席巻することとなった。ブレスラウの職人家庭に育ったヴォルフは若い数学者として一七〇七年にハレにやってきた。しかしまもなく論理学の講義も担当するようになり、しかもこれを（トマージウスの尽力により次第に定着しつつあったのに応じて）ドイツ語で行った。この講義から一七一三年に刊行され、大きな成功をおさめることになる『ドイツ語の論理学』が生まれた。その後ヴォルフは短期間に『ドイツ語の形而上学』（一七一九）、『ドイツ語の倫理学』（一七二〇）、『ドイツ語の政治学』（一七二一）や、一連の自然科学書を上梓している。これら全ての著作で［タイトルに］「……についての理性的な考察」という表現が用いられ、この表現によって既に彼が求めた新たな合理性が表明されていた。それらの持つ方法論的規則性と明晰な言葉遣いは模範となり、著者ヴォルフは短期間のうちに知名度をあげ、彼の明晰な言葉遣いはドイツの哲学的ターミノロジーの極めて重要な基盤となった。しかし一七二一年、彼は中国人の道徳についての講演で、非キリスト教徒も有徳であり得ると主張したことから、敬虔主義者たちの激しい攻撃を受けることになり、自由意志を否定する者として王の下で誹謗されることになった。一七二三年には、彼は「絞首刑に値するもの」とされたので、ハレを立ち去らねばならなくなり、マールブルクへ逃れる。このことによりヴォルフは啓蒙の偉大な殉教者と見なされ、敬虔主義者の勝利には甚大な犠牲を伴うことが明らかになる。すすんで全人類の教師（「人間一般の教師 praeceptor generis humani」）であろうとするヴォルフは、ドイツ語ではしかしそれが困難であると考え、マールブルクでは自らの体系をもう一度ラテン語で、しかも今度は非常に詳細に展開し始めた。それぞれ全一巻だったドイツ語の先の諸著作から、こうして例えば三巻から成る論理学や、六巻から成る形而上学が、また八巻の自然法論や五巻の倫理学が生まれた。一七四〇年、ヴォルフはフリードリヒ二世による最初の職務行為として召還され、ハレに凱旋することができた。けれどもますます詳細となる彼の体系は、それに応じてより一層拒絶されるようになっていった。

一七世紀の偉大な形而上学者たちが既にそうであったように、近代の自然科学の事例に魅了されたヴォルフは、哲学を精密で明証性の高い学問として構築しようとした。しかしその際彼は、学問を現象について仮説的に説明するものとしてではなく、根本的な原理の学として理解している。人間が知ることのできるあらゆる事柄は、いわゆる数学的方法を用いて、つまり明晰な概念と正しい推論を用いて、「徹底した」認識を通して、次第にただ一つの体系のうちに示されることになるはずである。哲学はこの体系の中で、全てをその究極の根拠から認識する唯一の認識の役割を果たすことになる。哲学はあらゆる可能的なものの認識として、しかも可能性の諸条件に基づく認識として、結局のところ全てを包摂し、かつ究極的に根拠づけられた唯一の学なのである。あらゆる啓蒙哲学者のうちでヴォルフは最も形而上学への志向が強く、形而上学は彼にとって「主要な学 Hauptwissenschaft（「形而上学」に相当するドイツ語として作られた翻訳語）」だった。しかしそれと同時に彼は全般的な改革者たらんとした、つまり「悟性と徳」を世間に普及させることで社会改革への道を切り拓こうとした。とはいうものの、真の実践は彼にとって真の理論に、すなわち本質的な事象についての正しい認識に依存するものであったので、ヴォルフはただ真の形而上学、つまり彼自身の形而上学だけが正しい政治を可能にするものと信じてもいた。

堂々としたヴォルフの哲学は短期間のうちに多数の信奉者を得ることになる。ドイツにおけるプロテスタント系のほぼ全ての大学で、彼の弟子たちが支持されたのだった。そのなかでもっとも有名なのはアレクサンダー・ゴットリープ・バウムガルテン（一七一四―六二）である。彼は完全な思考についての学説（論理学）を補完するために、感性的認識の完全性についての学説（美学）を構想した最初の人物である（『美学』一七五〇―五八）。この学説は近代美学の出発点となる。そしてヴォルフの哲学は国外でも、例えばフランスやイタリアでも受容され、それどころかロシアでは教えられさえした。彼の哲学は、形式面では革新的であったが、内容については保守的であることも少なくなかったので、時折、カトリック派のうちでは無神論に対する防波堤と見なされることがあった。そのためヴォルフ哲学は、時にはカトリックの哲学に、元来プロテスタント的である啓蒙運動を接続することができた。

一八世紀半ばのドイツには精神的な風土の大きな変化が見られた。それは、政治的ならびに宗教的な風土の変化だけでなく、哲学的な風土の変化でもあった。フリードリヒ二世の戴冠ならびにそれに続く征服戦争により、プロイセンの大躍進が、またそれと共に精神的な分裂が始まった。つまり一方で、新たなプロイセンへの愛国主義が、とりわけベルリンで新たな知的自負心という形で生成しえた一方で、他方では哲人王に対する失望が、特にフリードリヒによる啓蒙と自由思想への失望が、増大したのである。また、下層階級の人びとのうちでは宗教的に敬虔であることがまだ持続していたにもかかわらず、宗教の領域でもはっきりとした変化が起こってきた。古くからあるルター派正統主義は、神学的には風前の灯火だった。敬虔主義ですら、その当初の宗教精神的で刷新的な活力の大半をなくていたし、またそれが啓蒙を政治的に迫害したことにより、信用を失ってもいた。それ以外にも、次第に宗教についての冷静な考察が徹底されていった。ヨハン・ローレンツ・シュミットによる聖書の翻訳『ヴェルトハイムの聖書』（一七三五）では、聖書が世俗のテクストのように扱われ、奇跡に関するあらゆる記述が取り去られた。この翻訳書は禁書となり、シュミットは投獄された。イギリスの理神論の影響下に敬虔主義から離反したヨハン・クリスティアン・エーデルマン（一六九八―一七六七）は、批判的な聖書分析（『モーセの暴露された顔』一七四〇）を著し、そのため迫害されることになった。また合理主義者たちが聖書を既に理性宗教に制限して読もうとしていたのに対して、新教義派《ネオローグ》の人びとによって教条主義的ではない神学も次第にその価値が認められるようになってきた。それ以外には、熱烈な信仰の衰退と理性的であろうとする意志の拡張とが、初めて宗派の壁を越えて浸透し、それと同時に啓蒙思想が様々な形をとりながらカトリシズムのうちでも根をおろし始め、改良カトリシズムへの端緒をもたらした。また、フリードリヒが自分の臣下には伝統的な深い信仰心を求めつつ、自らは〔信仰に懐疑的な〕自由思想家であったことは、隠し通すことができなかった。

ヴォルフに対する賛否両論が、哲学上の精神的変化を引き起こした。哲学を学として普遍的かつ根本的に基礎づけようとしたヴォルフの著作は、今まで以上に長大とならざるを得なかった。しかし既にヴォルフの生前、しかもその早い時期に、弟子たちはヴォルフの学説を切り詰め、平明な教科書のうちに提示し始めていた。その際、長たらしい演繹ならびに数学的方法は一切放棄している。彼らは「教理的《ドグマ》」成果のみを尊重した。ヴォルフが非常に強調する哲学の学術的な性格はもはや前面には置かれず、精密で決定的な認識への期待は魅力を失ってしまっていた。なるほど様々なヴォルフの定理は多数の弟子に受け継がれたので、彼の哲学は内容に関してはいわば至る所で生き続けていた。しかしヴォルフの定理はいまや（単に一部の教養ある学者のための哲学ではなく）全ての人のための哲学のうちに統合されていた。生活に密着した新たな哲学への欲求が再び増大したことは明らかだった。そして世紀の半ばに、初期啓蒙に見られた学校哲学と世界のための哲学という区別の進展のうちに、学校哲学とは異なる通俗哲学が生じ、時には学校哲学の地位を脅かすようになった。通俗哲学はいまやなかんずく「健全な理性」に基づき、内容的には多くの点で折衷主義的であった。テーマとしては心理学と美学といった、生活に密着した問題を中心に扱った。この哲学にはイギリスからの強い影響も見られる。その影響はハンブルクを経由して、特に一七三七年に創立されたゲッティンゲン大学を通じて広まる。ただし〈通俗哲学〉という概念は明確な規定を持たず、例えば浅薄な哲学のやり方を侮蔑する言葉としても用いられることがあった。特にクリスティアン・ガルヴェ（一七四二―九八）によって強く擁護された通俗哲学の最も著名な代表者は、ヘルマン・ザムエル・ライマールス（一六九四―一七六八）とモーゼス・メンデルスゾーン（一七二九―八六）である。

通俗哲学者ライマールスとメンデルスゾーン

ヨハネウム学院というハンブルグのギムナジウムで教授職に就いていたライマールスは、ドイツ学校哲学の伝統の下に、そしてまたイギリスの理神論の影響下にあった。彼の主要な関心は宗教にあった。一七五四年に刊行された著書『自然宗教の主要な真理について』の中でライマールスはある種の理神論を説いた。しかしそれ以前に既に彼はこの著書のうちに暗に含まれているキリスト教批判を仕上げることに取りかかり始めていた。一七六五年に書き終えられた『神を理性的に賛美する人びとの弁明、または擁護の書』がそれである。けれどもライマールスは、例えばキリストの復活を彼の弟子たちによる作り話だと解釈するこの著書を、あえて出版しようとはしなかった。彼の死後その要約が刊行されると、正統派の神学から啓蒙に対する強い異議の申し立てが再び起こった。

デッサウの出身でトーラー筆記者の息子であるメンデルスゾーンは、自らの出自と境遇ゆえに独学し、哲学についてはただほんの片手間に学ぶことができたに過ぎなかった。若くしてベルリンにやってきたメンデルスゾーンは、当地で早々に啓蒙家のグループに加わっている。けれどもアカデミーの会員となることはフリードリヒにより拒絶された。一七六三年に論文「形而上学における明証性について」がアカデミーで一位を獲得したことで彼は一躍有名となる。しかし、メンデルスゾーンの主要な関心は、自ら自身の置かれた社会的な立場のゆえに次の二つの主題、すなわちユダヤ人の境遇と自然宗教であった。『イェルーザレム、ないしは宗教的な権力とユダヤ教について』(一七八三)の中で、彼は国家と宗教の厳格な分離ならびに全ての宗教の非暴力を支持する旨を述べている。また『フェードン、または魂の不死性について』（一七六七）と『朝の時間、ないしは神の現存在についての講義』（一七八五）では、ユダヤ教徒とキリスト教徒に共通の理性的な宗教という主要な課題についての試論を展開した。

教育家と哲学者

通俗哲学との緊密な結びつきのうちに、教育を改善するための集中的な努力も、一八世紀の六〇年代半ば頃に始まった。たしかに啓蒙の理念そのものが常に既に教育学的な理論ならびに学校運営の改革のための動機づけを与えていた。けれどもルソーによる子どもの発見を経て初めてドイツで「教育の世紀」が始まった。この教育改革運動の端緒に位置するのはヨハン・ベルンハルト・バゼドウ（一七二四－九〇）である。彼は一七七四年デッサウに汎愛学院を創設した。これは、博愛主義者たちのための学校で、知識と道徳が自然な仕方で教えられていた。このプログラムは特にヨアヒム・ハインリヒ・カンペ（一七四六－一八一八）によって理論的に補強され、一般的な学校制度にも採り入れられた。いまや全ての人がよき人間とよき市民へと教育されることとなった。

もちろん通俗哲学以外に、厳密な学としての哲学のための尽力も、例えばヨハン・ハインリヒ・ランベルト（一七二八－七七）により続けられていた。また、一八世紀最大の哲学者であるイマヌエル・カント（一七二四－一八〇四）の活動の初期は通俗哲学の時期と重なっていた。カントは、通俗哲学のうちであっさりと消え去った以前からあった学校の哲学と、世界のための哲学との区別を特に援用して、通俗哲学の限界を示そうと試みた。実際のところカントは既に一切の啓蒙思想を凌駕することを始めた。彼の生涯は啓蒙の時代とほぼ重なっており、また彼自身は自分がまだ啓蒙に帰属していると感じていたのではあるが、それでもかなり条件づけすることでようやく彼を啓蒙家に数え入れることができるに過ぎない。当然のことながらカントには、イギリスやフランスの啓蒙哲学の理論、そしてもちろんまたドイツ啓蒙哲学の理論にまで遡源することのできる多数の個別的な理論が見られる。特に彼の宗教哲学（『単なる理性の限界内の宗教』一七九三）は、宗教と道徳を同一視する傾向が見られる点で、徹底して啓蒙に結びついていた。ただしカントは道徳に基づいて宗教を展開しており、ふつう行われているように道徳を宗教に基づかせることはない。なかんずくしかし啓蒙の最も有名な定義はカントのものである。「啓蒙とは人間が自分に責めのある未成年状態から抜け出ることである」（『啓蒙とは何か、という問いへの回答』一七八四）。けれども自らの意志の力によって第一に自己の解放を目指すことの定義は、「悟性の啓蒙」を、特に他者に確かな情報を提供すること（「民衆の啓蒙」）を目指す、という啓蒙の一般的な自己理解とはかなり異なったものである。

実際のところ、既にカントにとっては啓蒙とは全く異なる課題が重要であった。そして、学としての形而上学は可能であるのかという問いや、これと共に認識一般の可能性の条件への問いが先ず彼を突き動かしていた。『純粋理性批判』（一七八一）において物それ自体の認識を不可能であると見なし、あらゆる認識は現象の単なる認識に過ぎないと規定することで、すなわちこのような原理的な認識批判によって、広く行き渡っていた啓蒙的な認識に関する楽観主義を徐々に衰弱させた。その後『実践理性批判』（一七八八）では当為（「べし」という命令）の事実を出発点として義務論を基礎づけ、真の道徳は全て道徳法則への尊敬の念に由来すると述べることで、それまで一般的だった幸福と徳の一致という（「幸福主義の」）理論を破壊した。比較的遅い晩年になってようやく手を染め、部分的にはフランス革命から受けた印象のもとに自由の哲学として取り組んでいた自身の政治哲学においてでさえも、カントは啓蒙を乗り越えてしまう。なぜなら、カントは生命と財産の保護ではなく、国家の目的を正義に据えることから出発し、（徳と幸福の奨励という課題を国家に委ねるのではなく）国家（の主要な課題）を正義の擁護に制限したからである。

3　神の国と人間の道徳

少しの例外はあるものの啓蒙期ドイツの文学は、世界文学というほどの水準にはいたらず、加うるにイギリスやフランスといった他国の文学を多くの点で模範としていた。けれども啓蒙期の文学はその初期から、紛う事なくドイツ的な状況に関わるある種の固有性を発展させてもいた。著作家たちは通例市民であり、場合によっては詩人でありかつ大学やギムナジウムの教授でもあった。市民を道徳化するような新しい文学は、――瀕死の状況にあった古典主義的な悲劇作品は例外として――宮廷や貴族に関わる主題（名誉）をテーマとはしない。この新しい文学は、徳操高く、そしてますます感傷的にもなりつつ、友情や家族という主題を、すなわち家庭的（「非政治的」）な主題を取り上げる傾向があった。なかんずくしかし啓蒙文学はまだしばらくの間宗教的に規定され続けていたし、たとえ宗教的ないし宗派的な熱情が徳を持った敬虔さに取って代わられていたとしても、それでもまだ神は究極の関心事だった。神は自然の経験においてと同様に徳の問題においてもまた現在する。そのような次第でドイツ啓蒙文学は特にその始まりの時期には、たいへん敬虔な性格を持っていた。この性格は始動し始めた啓蒙哲学から得られたのではなく、ライプニッツの形而上学とフランケの敬虔主義から与えられたものに他ならない。一方では弁神論的思考が、他方では敬虔な感情が重要な役割を演じていたのである。しかしもちろん当時の哲学ならびに神学と同様、〔文学においても〕徳の要請が至る所で見られた。徳を要請することは、宗教の問題が人びとの関心の中心から離れても、ないしはある別の〔道徳という〕形式をとっても、形を変えながら啓蒙文学をその終焉にいたるまで規定し続けていていた。

事実、新たな啓蒙的思考は、文学のあるジャンルにおいて初めて明確に現われる。それは誰も予想しなかった分野、すなわち叙情詩においてであり、より詳しくはハンブルク在住の上流階級市民バルトルト・ハインリヒ・ブロッケス（一六八〇—一七四七）による宗教的な自然叙情詩においてであった。そして一七二一年から一七四八年までの間に九巻からなる彼の連作詩「神における地上の喜び」が刊行される。ただし、この連作詩は非常に教育的な性格を持っていたので、教訓詩に数えることもできる。ハンブルクにある「愛国協会」のメンバーであり、特にハレで法律を学ぶことで啓蒙と敬虔主義の思想に青年時代から親しんだブロッケスは、ある新たな、まさに経験的で精緻な自然描写の仕方を発展させもした。常に新たな創作活動のうちで彼は自然秩序を神の叡知が生み出す作品として讃えた。その限り、物理神学が飽くことを知らない彼の詩作の中心テーマであり、その詩作の単調さが敬虔な同時代人たちをすらやがて辟易させた。そして次第に同時代の人びとはスイス人であるアルブレヒト・フォン・ハラー（一七〇八―七七）の叙情的ないしはむしろ道徳的で敬虔的な教訓詩に熱中するようになる。このベルンの医師は故郷の山々をめぐる調査旅行を行った後、描写的な詩「アルプス」を著述し、「スイス詩の試み」（一七三二）という愛国的な表題の作品集を刊行する。この作品でハラーは自然と農民たちの素朴な生活を力強く描写し、文明批評をテーマとして打ち出すことで、「神話のスイス」を基礎づけた。その後彼は一七年間ゲッティンゲンで教授職に就き、ゲッティンゲンの科学アカデミーの共同設立者などを務めた。

初期ドイツ啓蒙文学

初期ドイツ啓蒙文学の本来の中心地は、ヨハン・クリストフ・ゴットシェート（一七〇〇―六六）が文学を啓蒙哲学に結びつけたライプツィヒだった。というのも、新たな文学の草創期に、ゴットシェートの文学理論である『ドイツ人のための批判的詩論』（一七三〇）が登場したからである。彼はしばらくためらった後クリスティアン・ヴォルフの哲学を受け容れ、ライプツィヒ大学で詩学の教授となり、その後論理学ならびに形而上学の教授ともなる。ゴットシェートは古代人を模範とするだけでなく、古代人を模倣するフランス人をも模範として仰いでいた。というのも、彼はこのような仕方で、ドイツ独自の演劇文化を構築することができると考えたからである。「修辞学」と「弁論術」についての著作により補われたこの規範詩学は、当初大きな成功を収めた。ゴットシェートは大衆文学（道化芝居）と闘い、現実離れしたあらゆる絵空事を文芸から排除しようと努めた。しかし自らの文学理論を自分の詩（『死にゆくカトー』一七三二）のうちでも実践しようとしたが、大方から十分な理解を得られなかった。これと反対に大きな成功を収めたのはヴォルフ哲学をわかり易く記述した若いころの著書（『あらゆる世界知の第一諸根拠』一七三三／三四）や、イギリスの道徳週刊誌《モラル・ウィークリー》を模倣した雑誌であった。ハンブルクでは既に愛国協会が道徳週刊誌『パトリオート』（一七二四―二六）を編集し始めていたが、その後ゴットシェートは（雑誌）『理性的な女性批評家たち』（一七二五―二六）と『誠実な男』（一七二七―二九）を刊行した。ドイツでは啓蒙の初期のトマージウス以来ほぼ何も進展がなかった文芸改革が、これらによって成果を収めることになる。

　これら膨大な仕事以外にもゴットシェートは翻訳家として精力的に活動しており、そのことで啓蒙の哲学に、また文芸上の文体形成に影響を与えた。彼は例えばピエール・ベールの『歴史批評辞典』とライプニッツの『弁神論』をドイツ語に翻訳し、そのことでこれらの書籍はドイツ啓蒙期に広く受容されることになった。その際、彼は教養ある妻ルイーゼ・アーデルグンデ・ヴィクトーリエ（旧姓クルムス）（一七一三―六二）による無私の働きをどうやら良心の呵責なしに利用したようである。けれども「ゴットシェート女史」自身も作家として活動しており、しかも夫とは異なり喜劇を書いている。ところで彼女の最も有名な作品である『たが入りスカートをはいた似非信心』（一七三六）は、フランス語の原著を改作したものに過ぎない。

ゴットシェートの文学理論の運命にとって決定的であったのは、文芸批評家ヨハン・ヤーコプ・ボードマー（一六九八―一七八三）ならびにヨハン・ヤーコプ・ブライティンガー（一七〇一―七六）との論争である。チューリヒで活躍したこの仲の良い二人は、様々な視点から一貫してゴットシェートと似た歩みを進めており、彼らもまたドイツの文芸を改革し新たに構築しようと意欲していた。ゴットシェートより以前に彼らは『画家談論』（一七二一―二三）というタイトルの道徳週刊誌や、「想像力の影響と使用について」（一七二七）という論文を刊行している。その中で、たしかに彼らはまだ自然の模倣という原理を保持してはいたが、既に詩人にこれまで以上の大きな自由を認めてもいた。間もなくこの二人の著者は、特にイギリス文学の影響下で歩みをさらに進めることになる。ボードマーは詩人が不可思議な事柄を、つまり理性を超える事柄を描く権利を弁護し、ブライティンガーは詩人の想像と、人びとの心情を揺さぶりたいという詩人の意図を弁護した。そして詩作についての拡大した考えが生まれ、これにより詩作はもはや悟性〔分別〕と徳についての解説と宣伝に制限されるものではなくなった。

啓蒙家の詩人たち

世紀半ばよりかなり以前に、「信仰を批判することで悟性は強力になったけれども、しかし悟性は少なくとも詩作においては、あらゆる問いに対して答えることはできない」という見解が登場していた。ゴットシェートとチューリヒの二人との論争は、この見解の一つの徴に過ぎない。今や至る所で幸福主義的な「悟性－徳」の図式が、その内部から崩れ出した。ライプツィヒでのゴットシェートの同僚で、教授でありかつ作家であったクリスティアン・フュルヒテゴット・ゲラート（一七一五－六九）は「催涙喜劇」についての論文で教授資格を得た後、道徳的－教育的物語と寓意詩を書くことで有名となった。一七七〇年にようやく刊行された彼の『道徳講義』は学生たちに非常に愛読されている。また彼の小説『スウェーデンのG伯爵夫人の生涯』（一七四七／四八）は、一読したところではただ毅然とした徳を描写しているだけのように思われるが、しかし徳を査定するゲラートの詳細な記述は、道徳的な嫌悪によって、ほぼ覆い隠すことのできないある種の魅力をも感じさせるものとなっている。

既に早い時期に、文芸に関するチューリヒの二人の実力者でさえ、自分たちが目覚めさせた知識人たちを自らが支配できないことを認めざるを得なかった。クヴェードリンブルク出身のフリードリヒ・ゴットリープ・クロプシュトック（一七二四－一八〇三）は既に少年時代から、一七世紀イギリスの詩人ジョン・ミルトン（一六〇八－七四）と同じように、豊かな内容を持った叙事詩のうちにイエスの生涯を描こうと心に決めていた。短い期間神学を学んだ後、彼は詩作に没頭し、一七四八年に『救世主』の最初の三つの歌を刊行した。この中で彼は啓蒙された神学を感傷的な情熱と結びつけることで印象深い詩を生み出し、この作品は大きな成功を収めた。ただし、チューリヒを訪れたクロプシュトックと、彼が敬愛していた文芸評論家ボードマーとの間に軋轢が生じ、そのことで彼は啓蒙思想一般からの解放へとさらに進むことになる。友情と自然を主題とする彼のチューリヒ頌詩は、もはやロロココ的な遊び心とは何の関わりもなく、詩についてのある新たな、たいへん荘重な理解の端緒を示している。とはいうものの、一七七三年にようやく完結した『救世主』の続編は、宗教的関心に基づく遺稿と共に、またしかし絶え間ない荘重な文体のゆえに、芳しい反響を得ることができなかった。また聖書に因んだ愛国的な彼の劇作品も、啓蒙的というよりもむしろ詩的・貴族的な著書『ドイツの知識人共和国』(一七七四)と共に成功しなかった。クロプシュトックはこの著書で社会の変革を準備しようと考えていたのである。革命的な心情と保守的な心情をあわせ持つクロプシュトックは、老齢となってもなおハンブルクで行われたフランス革命の祝典に参加していた。

啓蒙の厳格な合理主義と道徳主義は、世紀の中頃に情熱、幻想そして感傷性の方向へと分散しただけでなく、ドイツのロココ趣味の詩ないしロココ抒情詩と呼び得るような文芸によっても風穴を開けられた。そのような詩の端緒は、ハンブルクの企業法務家でイギリスに在住したこともあるフリードリヒ・ハーゲドルン(一七〇八—五四)に見られる。彼は優雅に仕上げられた寓話と叙事詩を書き、牧歌的な田舎生活や青春期、愛、そして友情などを賛美した。また当時流行した〔ハーゲドルンを代表とする〕アナクレオン派〔酒と恋を歌った前六世紀頃のギリシャの叙情詩人アナクレオンを模倣した、一八世紀ドイツの文学運動〕は、独特の仕方で啓蒙主義の厳しい合理性や道徳性から離反する。この派はハレ大学の三人の学生の友情と結束から生まれた。後に立派な教会役員や国家の官吏となるこの三人は、明朗で社交的で時には少し良俗に反する生活を楽しもうと欲したのだった。しかし、また彼らはみな芸術と生活の違いを、そして詩的な遊びと市民的な道徳の違いを強調している。

ロココ文学から出発しながらも、そこからますます離れていった最も重要な作家はクリストフ・マルティン・ヴィーラント（一七三三—一八一三）である。彼はプロテスタント派牧師の息子で、法律を学んだあと最初は帝国自由都市ビーベラハの市参事会員となる。後にエアフルトで哲学教授となり、また一七七二年には公子たちの教育係としてヴァイマルへ赴き、ヴァイマル古典主義〔協会〕のメンバーとなる。もしかするとヴィーラントは啓蒙期のドイツで最もエロティックな作家だったかもしれない。彼は繰り返し理性と感性の関係を主題化する。しかしまた彼は同時代で最も粋な作家の一人でもあり、多数の小説や詩や物語を次から次へと生み出した。その際彼は、風刺ないしは皮肉を強調することもまれではない諸々の物語（『アガトン物語』、『ムザリオン』、『アブデラの人びと』）の舞台として、頻繁に古代の社会環境を取り上げ、後には折々にまた中世の社会環境さえ取り上げている（『オベロン』）。ヴァイマルへ移住して以降は、特に雑誌『ドイツ・メルクール』（一七七三—八九）、その後は『新ドイツ・メルクール』（一七九〇—一八一〇）の編集と刊行に従事している。同時代にあって最も成功したこの雑誌は文芸と哲学に関わるテーマを取り扱うだけでなく、科学や政治に取材した話題も頻繁に取り上げていた。ここにヴィーラントが一七八九年に起草した自分の論稿で弁護した啓蒙に対する関わりもはっきりと見られる。彼によれば、真の啓蒙は全ての「超自然的に啓示を与えられた仕立て屋と靴職人〔例えばドイツの神秘思想家ベーメ Jakob Böhme 一五七五—一六二四など〕」が、堂々と真理について自分の見解を示すことができるようになって初めて成就するのである。

レッシングの文芸改革

ドイツ啓蒙で最も重要な詩人がゴットホルト・エフライム・レッシング（一七二九―八一）であるのは言うを俟たない。彼の生涯は波瀾に富んでいた。彼は、牧師の子としてザクセンのカーメンツで生まれ、ライプツィヒでの学業を中断しベルリンへと行き、そこで新聞の編集者ならびに〔書物や演劇の〕批評者として生計を立て、哲学者モーゼス・メンデルスゾーン等との親密な交友を育んだ。一七五六年にプロイセンのある司令官の秘書としてブレスラウへ赴き、一七六七年にはハンブルクの多数の実業家によって創設されたその地のドイツ国民劇場の文芸部員となる。国民を抜きにして国民劇場を創設するという「よき心情から生まれた構想」が挫折した後、レッシングは最後にヴォルフェンビュッテルにある大公の図書館に司書の職を得ている。

レッシングが特に好んだ分野は演劇であった。なるほど彼は享楽的な叙情詩や教訓詩、そして寓意小説を創作したけれども、既に早い時期から演劇作品を書く試みを始めており、演劇理論にも取り組んでいた。その際彼はゴットシェートの規範詩学とフランス趣味の演劇を徐々に乗り越えていく。そして『ハンブルク演劇論』（一七六七）でレッシングは独自の立場を確立した。レッシングは大変厳格に、しかし必ずしも正しい仕方ではなく、ゴットシェートならびにフランスの演劇から距離をとりながら、これに代えてイギリスの文芸を、そしてまたより一層シェイクスピアの劇作を受け容れることを主張した。とはいうものの、実際にはゴットシェートとゲラートもイギリスで起こった「市民悲劇」を積極的に受容していた。そしてイギリスの影響下にあってフランスでも催涙喜劇が生み出されており、ディドロが市民生活の新たな道徳的感傷劇を既に理論的に正当化しており、これをさらに発展させようと試みていた。

同時にレッシングは、感激、恐れ、恐怖、そしてまた市民劇のうちに見られる同情によって、心が道徳的に浄化され得るという自らの理論を実践へと応用しようとした。彼の悲劇作品『ミス・サラ・サンプソン』(一七五五)は、決して貞節とはいえないサラ・サンプソンが死の間際に自らの殺害者を〔同様に彼女の父親が娘の誘惑者を〕許すという運命を描いている。なるほどこの「市民悲劇」には悲劇の持つ必然性はないが、それにもかかわらずドイツでの演劇の発展における転回点を示している。その理由は〔それまでの演劇の持つ〕固定条項を反故にしたから、つまりそれまでの悲劇を条件づけていた貴族社会〔という物語の場面設定〕を離れたからである。これと似たコンセプトをレッシングはまた、一七五七年に書き始めながら、ようやく一七七一／七二年に脱稿する悲劇『エミーリア・ガロッティ』でも続けて追及する。この作品では、若くて無垢の娘が、ある貴族の誘惑から身を守るために、自らの希望で道徳的に厳格な父親によって殺害される。この殺害ないしは自殺は、誘惑と暴力に対抗するための最後の自由を意味する。そこに示唆されている、政治的状況に対するレッシングの批判は、シュトゥルム・ウント・ドラング期の若い世代によって熱狂的に受け容れられた。しかし抽象的な徳の問題ならびにそれに対する〔自殺という〕投げやりな解決は、当時から既にもはや理解されなかった。またレッシング自身もこの種類の道徳的問題ならびにその取り扱いを、感傷的な市民悲劇において取り上げることについては見切りをつけていた。悲劇『エミーリア・ガロッティ』という明らかに困難で手間のかかる仕事を手がけている間に、レッシングは既にある喜劇を書いており、それが一七六七年に『ミンナ・フォン・バルンヘルムまたは兵士の幸福』というタイトルで刊行された。この作品はいわば貴族社会における喜劇として〔『エミーリア・ガロッティ』に対する〕対抗策となっている。ザクセンの若い女性貴族であるミンナ・フォン・バルンヘルムは、七年戦争の終わった後、自らの許婚者であるプロイセンの将校テルハイムに再会する。彼は不当に名誉を傷つけられたうえに隊を追われていて、負傷し、貧しいなか、自分の婚約者をあきらめることが自らの責務だと考えている。彼が自らの王の計らいで汚名をそそぐ間にミンナもまた貧しくなったようであるがゆえに、彼が結婚を名誉にかけて実行すべきだと見なすようになって初めて、幸せな結末への道筋が開かれるようになる。このようにしてドイツで最初の大掛かりな喜劇において――これはしかしまだ悲劇に近い位置にあるのだが――将校の名誉というプロイセンの道徳は、女主人公による愛と健全な人間悟性〔常識〕によって破滅的な終局から守られ、そして同時に柔らかく皮肉られることになった。

最後の劇作『賢者ナータン』（一七七九）でレッシングは、間接的に――「彼の説教壇」である演劇において――彼が直接には――理論的な論考において――もはや述べることの許されなかった事柄について語ろうとしている。彼の「劇的な詩」は、ユダヤ教、キリスト教そしてイスラム教の信仰を持つ様々な、多くの点で親和性を持った人びとの、複雑で同時に象徴を多数含んだ関係の発展について述べている。主要テーマである真なる信仰への問いは、指輪の寓意によって答えられている。それによれば、父親は三名の息子に一つの魔法の指輪と、理論的にはそれと区別することのできない二つの模造品を遺した。そしてただ実践だけが、誰がそのうちの本物の指輪を、すなわち真なる宗教を所持しているのかを示すことができるのである。指輪の寓意のようなこの物語はそれゆえ、宗教的寛容と、気高い人間性を実践することとを要請することをメッセージとして伝えている。

レッシングは単に劇作家であり演劇理論家であっただけではなく、最後には特に宗教の問いならびにこの問いが人類に対して持つ意味について真摯に取り組んだ。一七七四年に彼は図書館長として、ヘルマン・ザムエル・ライマールスの遺稿から、『無名氏の断片』の刊行を始めている。レッシングは様々な点でライマールスの見解からは距離をとっているが、しかし彼自身、神の特権的な言葉を載せる書として聖書を賞賛することに対しては反対していた。この書の刊行によってレッシングは特にハンブルクの主牧師ヨハン・メルヒオール・ゲッツェ（一七一七―八六）と長期にわたる論争状態に陥る。この論争の長期化はついにレッシングの持っていた検閲に対する自由権が廃棄されることによって終結する。けれどもレッシングの宗教観を、ルター派正統主義に対立する理神論の立場として理解し定義づけることは、一面的であるだろう。彼の時代の宗教的合理主義もまたレッシングに反発し、そのため彼はまた「宗教に反対する……ベルリンの自由が、人びとが望む以上に際限なく多くの無作法を公共の場に持たらす」ことについてもはや何も知りたくなかった。理性宗教に対するレッシングの希望は、まだキリスト教の持つ内在的真理性に対する確信と結びついていたのである。

レッシングは自らの宗教的確信を楽観的な歴史哲学と結合する。第一部が一七七七年に、いわゆる〔ゲッツェとの〕「断片作者論争」との関わりのうちに刊行され、一七八〇年に完成する『人類の教育』

でレッシングは、歴史の進行のうちで現実化する神の教育計画を受け入れることで、理性と啓示を和解させようとした。神は人間たちに対して自らを段階的に啓示した、つまり神は人間の理性に宗教的真理をただ一歩ずつ認識させたのである。そして啓示の諸真理は最後には理性の諸真理として示されることになるだろう。したがってまた旧約ならびに新約聖書の後にさらに第三の、最終的な理性宗教を含む「新たな、永遠の福音」が期待されることになるだろう。レッシングはこの新たな時代が啓蒙と共に始まったと考えていたようである。彼はこのような歴史的思索によってドイツ観念論の歴史哲学を基礎づける一人となるのである。

特に晩年、レッシングは自らが時代の持つ様々な精神的思潮に直面しつつ、これらを理解できないまま最終的にはただ対峙するしかないことを自覚していた。世紀半ばのクロプシュトック熱について彼はまだアイロニーをもって批判的に熟考することができたけれども、これら（同様にまた現世を重要視するようになった敬虔主義や、その他の啓蒙とはおよそ縁遠い思想のきざし）に続いて起こった新たな流行思潮に対しては、反感を持つだけだった。シュトゥルム・ウント・ドラングが独創性を掲げることについては、感傷主義の持つ常軌を逸した感傷と同様、レッシングにとってはなじむことのできないものだった。この流れのうちにある新たな大文学の萌しとして、例えばフリードリヒ・シラー（一七五九―一八〇五）の『群盗』（一七八一）、ヨハン・ヴォルフガング・ゲーテ（一七四九―一八三二）の『ゲッツ・フォン・ベルリヒンゲン』（一七七三）と『若きヴェルターの悩み』（一七七四）が挙げられる。レッシングは自らが知りえた限りでは、もはや評価しなかった。また、特にドイツ文化圏にあって北東の端に位置するケーニヒスベルクには、ヨハン・ゲオルク・ハーマン（一七三〇—八八）ならびにヨハン・ゴットフリート・ヘルダー（一七四四—一八〇三）がおり、彼らが展開したこの流れに属する理論的研究は、レッシングを追い越して先へと進んで行ったのである。

啓蒙の都市ベルリン

文芸ならびにそれに随行する哲学と文学理論において新たな発展があったにもかかわらず、一八世紀最後の二〇年間に啓蒙の確かな興隆がもう一度あり、これが後期啓蒙と名づけられている。その時期はドイツにも、たとえその作家が美麗な文学や詩作を好んでいなかったとしても、フランスのフィロゾフとある種似たところのある著述家のタイプの存在が認められる。それは、ドイツで最初の道徳週刊誌が刊行されてほぼ二世代以上経ているこの時代に現れた、文学よりもむしろジャーナリズムへと向かう斬新で新種の潮流であり、しかもそれはたいてい驚くほど哲学的な趣味をもち、あらゆる文化と生活の領域を超えて政治から神学までをカバーするものだった。けれどもその作家のタイプは、フランスとは異なり、自分の原稿で生計を立てる文筆家たちではなく、たいていはお堅い官吏たちであって、啓蒙された官僚機構に帰属しており——したがって急進的であると同時に慎重に——あらゆる種類の啓蒙の問いに取り組んでいた。しかしまたベルリンの出版業者でありかつ著作家でもあるフリードリヒ・ニコライ（一七三三—一八一一）のように、国家から独立する立場の人びともいた。ニコライはメンデルスゾーンと共に『美的な学問と自由な技芸の叢書』（一七五七）を、レッシングならびにメンデルスゾーンと『文芸書簡』(一七六一—六七)を刊行し、一七六五年から一七九二年にかけて『ドイツ百科叢書』を編集し刊行した。多数の後期啓蒙家それぞれの持つ精神的な背景は多様であり、一部の人びとはまだヴォルフ主義ないしは大衆哲学にルーツを持っていたし、また他の人びとは既にカント主義に根ざしていた。

新たな後期啓蒙を代表する作家は特にベルリンに集中している。政治的な首都を持つドイツという国家は存在しなかったのであるから、ベルリンはもちろんドイツの首都ではなかったけれども、しかしベルリンはドイツで最も大きくそして強大な国家(オーストリアと共に、けれどもオーストリアは敗戦とそして南欧ならびに東欧へ進出するという政策のため〔ドイツ語圏の中では〕次第に周辺へと後退していた)の首都だった。そしてまたプロイセンはフリードリヒ二世によっていわば啓蒙の模範的な事例となったので、ベルリンはある意味でドイツ啓蒙の首都と見なすことができる。ベルリンにはこの都市の精神生活を支配し、もしかしたら「よりアカデミックなもの」にできたような大学は存在しなかったけれども、アカデミーがあり、愛国的な官吏や著作家から成る大きなサークルがあった。彼らの多くはベルリン水曜会(一七八三—九八)のメンバーだった。ベルリン水曜会は「啓蒙の同志たち」が定期的に集まり、哲学的ならびに政治的な主題について議論することを目的とする、非公開の会だった。その最も重要な機関誌は『ベルリン月報』(一七八三—九六)であり、これはドイツ後期啓蒙に討論の場を提供していた。

ドイツにおける後期啓蒙の進展は、ベルリンだけに限定されるものではなく、文芸の分野における様々な出来事と、そして特に政治的な出来事によって規定されていた。フリードリヒ二世によって推し進められた、「民衆を騙すことの正当化」をめぐるベルリン・アカデミーの懸賞問題（一七八〇）は、既に八〇年代初頭、より急進的な改革とそうでない改革の間の分裂を生じさせた。そして一七八三年に監督教区長のヨハン・フリードリヒ・ツエルナー（一七五三―一八〇四）が『ベルリン月報』でさりげなく立てた「啓蒙とは何か」という問いをめぐり突如として広範な議論が始まり、カント、メンデルスゾーン、ヴィーラントそしてそれ以外の多数の人びとがこれに参与する。啓蒙を巡るこの議論が最初に切迫したのはフリードリヒの死によってであった。それは既に長らく予期されていた統治者の交代により、数十年にわたり少しずつ進められてきた進歩と改革が、多数の地域で初めて明確な後退をみたからである。既にバイエルン地方では秘密結社イルミナティに対して禁止令が出されていた（一七八四／八五）。これと同様にプロイセンでも一七八八／八九年に宗教勅令が出されることで新たな抑圧の気風が生まれた。しかし、フランス革命ならびにその帰結がまさにドイツの啓蒙家たちに困難な決断を迫ることになる。最初パリでの出来事はほとんど全ての啓蒙家に（またそれ以外の人びとにも）好意的に迎えられた。あらゆる人のための自由と正義という人類の夢が満たされるかに思われたのである。しかしパリでテロが始まり、国王が処刑され、ドイツ諸侯とフランス革命軍の間の戦闘にドイツ人たちが巻き込まれると、至る所で精神風土に変化が起こり始めた。一方で政治システムはそれまでより以上に反動的で抑圧的となったが、他方でドイツではこれに対するいかなる実質的な政治的対抗勢力も生まれなかった。言葉上狭義のドイツのジャコバン派というものはほとんど全く存在しなかった。またフランス軍の支援のもとに設立された短期的な「マインツ共和国」(一七九二―九三) は、模範とはならなかった。このようにして啓蒙運動は、改革への期待と革命を拒否することとの狭間にあって、消滅していったのである。

4　啓蒙《アウフクレールング》――啓蒙についての解釈と〈啓蒙〉本来の意味

解釈――ドイツ啓蒙についての一解釈

イギリスやフランスに比べてドイツ啓蒙の哲学は際立って形而上学的である。なるほどトマージウスは既に啓蒙の最初期に形而上学を概念の空虚な転回だと批判したが、しかし現実全体の持つ「形而上学的」構造についての自然哲学的解釈を自らも再び展開していた。まさに啓蒙期の終わろうとする頃にカントは、学としての形而上学は不可能であると説いてはいるが、しかし彼自身が述べているように同時にまた形而上学に「不幸にもほれ込んで」いたのである。そして折に触れて「形而上学についての形而上学」と名づけた認識論以外のところで、「人倫の形而上学」すなわち実践的‐教説的な当為の形而上学を、そして近代の物理学を基礎づけようと試みた「自然の形而上学」を展開している。しかしなかんずくヴォルフと彼の学派の学校哲学によって規定される啓蒙の中期に位置する二つの世代は、決して形而上学嫌いではなかった。形而上学へのこのドイツ的な傾向性は、啓蒙において宗教が長きに亘って積極的な役割を担っていたことと疑いなく関連している。その第一の、そして特別な部門が自然神学ないし理性的神学である形而上学は、道徳と共に、理性的な宗教を基礎づける役割を、ないしは宗教の代理の役割をその間ずっと担っていた。ここでは宗派的な啓示神学の外部でもまた神について語ることができたのである。しかしまた、ドイツ講壇哲学には徹底性への性癖というものがたしかに存在したのであり、この性癖こそが常に繰り返し原理的な問いへの遡源を促したのである。

根本的な学〔形而上学〕が必要であるという確信には、正しい理論のうちにあらゆる実践を基礎づける必要があるという確信も帰属する。すなわち、真の政治は最終的に真の形而上学に基づくという確信もまた帰属している。それだけ一層注目すべきは、ドイツの啓蒙家たちの持っている全くもって非教条的でまさに「社会改良主義的な」政治理解である。なるほど法論ならびに国家論（自然法論）においては要求が極めて高い原理が立てられることも稀ではないが、それが漸次実現してゆくかどうかは、統治者たちの「政治上の手腕」に委ねられている。諸原理を実践へ応用すること、例えば革命によって諸原理を実践へ直接応用することは、ほとんど全くといっていいほど、要求されなかった。このことについては、当然のことながらドイツにおける啓蒙運動と絶対主義の関係を背景として見る必要がある。イギリスでは議会政治が勝利を収めた後、政治ないし政治理論についての哲学の関心は明確に低下の一途を辿った。なぜならそのつどなお必要とされる改革は原理的に既にあらゆる人びとの関心事となっていたからである。またフランスでは啓蒙と宗教的に基礎づけられた絶対主義とが、あたかも敵対し合う集団のようにほぼ動じずに対峙している。これに対して、ドイツでは国が領邦に分断され、絶対主義国家は宗教的ではなく世俗化しており、啓蒙家たちを官吏として求め、啓蒙家たちは絶対主義国家を雇い主として必要とすることで、啓蒙運動と絶対主義国家の間には長きに亘る同盟関係が築かれることになった。

　この同盟関係は世紀の中ごろ以降フリードリヒ二世との確執によって弛み始めるのだが、フランス革命以後でさえも広い地域で維持されることとなった。政治的改革の要求という点でドイツの啓蒙家たちは慎重だった。彼らのこの慎重ぶりは、ドイツ啓蒙の「非政治的な」性格を示すものとしてしばしば誹謗されてきた。事実ドイツには繰り返し、宗教的な理由から、同様にまたこの分断された国における市民の無力さを理由に、社会から離れて内面性の領域へと撤退するという強い傾向のあることが認められる。しかしもちろん、壁に向かって走ってこれに激突するよりも、小さなサークルで、例えば可能な改革を試みる「啓蒙された官僚機構」として活動する方が、政治的にもまた賢明だったのである。

自己解釈――啓蒙の時代における「啓蒙」観

　ドイツ啓蒙の自己理解もこれに対応している。というのも〈啓蒙 Aufklärung《アウフクレールング》〉という概念はドイツ啓蒙当初から重要な役割を担っていた、すなわち最初は行動を示す概念として、そして最後には時代を示す概念として、重要な役割を担っていたからである。既に一六九一年に「悟性の啓蒙」という表現が語彙として見られた。一七世紀後半にかなり頻繁に使われる〈啓蒙する〔明るくする〕aufklären〉という表現は、フランス語の〈啓蒙する〔明るくする〕éclairer〉から影響を受けたのかもしれない。またより古いラテン語（〈明るくする clarificatio〉）からの伝統が関わっていたこともあり得る。これに対して英語からの影響はほとんど考えられない。いずれにしても典型的なドイツらしさは動詞派生名詞である〈アウフクレールング〉であり、他の言語のうちにはこれに該当する範例は存在しない。このことは多少とも意図的で、その限り綱領的な活動を示唆する。なるほど〈アウフクレールング〔啓蒙〕〉という言葉は、最初は似た意味を持つ〈解明 Erhellung〉や〈啓明 Erleuchterung〉と競合せざるを得なかったが、既に一八世紀半ばまでには勝利を収め始めている。また形容詞〈啓蒙された aufgeklärt〉はもともと主に悟性に適用されていたのであるが、一つの時代としての現在を示すのに用いられるようになり、しかも既に自立した概念として、つまりより詳細に説明する必要のない表現として用いられるようになったのである。今や〔この形容詞を用いて〕啓蒙された時代や、啓明された時代などと語られている。さらにカントは啓蒙論文の中で「啓蒙された時代」と「啓蒙の時代」を明確に区別している。

啓蒙というテーマに関する諸論文のうちにあって、カントの論文はずば抜けて有名であり重要である。カントは啓蒙を第一に（解放という意味で）個人の自己解放として理解し、決して（合理論的な意味で）概念の解明ならびに他者の啓蒙としては理解していないのであるから、彼の啓蒙概念は典型的な啓蒙概念であるとはいえない。しかしカントは長らく忘却されていた問題圏のうちに立っていた。その問題圏とは、ドイツで一八世紀最後の二〇年間に論争され、啓蒙の正しい理解ないしは啓蒙の自己理解をめぐるものである。それは換言すれば、啓蒙の本質、啓蒙の可能性そして限界をめぐるものであった。この事柄をめぐる論争は啓蒙の最初期から見られたが、ようやく一八世紀が終わりに近づく頃に「真の啓蒙」をめぐる一般的で公開的な論争となり、ドイツ啓蒙はこの公にされた論争の中で自らの歴史的自覚を進展させることになった。

第5章　ヨーロッパとアメリカ——受容と反抗

各国特有の啓蒙

一八世紀の啓蒙はイギリス、フランス、ドイツの専売特許ではなかった。たとえ、これらの国々で啓蒙が、特に早くから強力に、また特に生産的かつ傑出したかたちで現れていたとしてもである。

ヨーロッパ全土およびアメリカでも注目すべき近代化の進展が見られたが、少なくともその一部は啓蒙の時代に起こった。それゆえ、多くの国々では、状況が似ていれば、啓蒙も互いに似通った展開を遂げた。しかし、「その国に特有の道筋」を歩んだり、むしろ独自の展開が起こったりすることもあった。各国固有の状況に対する自発的なリアクションに、それ以外の国々における発展についての情報も加わることで、〔啓蒙に対する〕反省と改革の様々なプロセスが引き起こされた。また、例えば啓蒙的な解放のプロセスが、多くの面で啓蒙とは疎遠の、国民国家を基軸とした自由を求める運動と結合することもあった。したがって、イギリス、フランス、ドイツ以外の国々の啓蒙は、決してその〔三つの国における啓蒙の〕単なる輸出入という現象に過ぎないと理解することはできない。要するに、啓蒙はその「中核国」から「周辺国」へと拡大したのだ、という意味では理解できないのである。啓蒙そのものが普及していく現象にそのような面があったことも否めない（その一部はイギリス、フランス、ドイツの間での文化の伝達ないしは啓蒙の伝達としても生じた現象であった）が、やはり啓蒙の受容は全て各国が抱える固有の問題に基づいた関心を前提としていた。すなわち、啓蒙の受容にはそれぞれの国に固有の事情に対する批判的な関心が働いていたのであり、その意味で、啓蒙の受容は抵抗や反抗への一定の可能性をはらんでいた。したがって、啓蒙をめぐっては、ヨーロッパとアメリカの至る所で、多様極まりない啓蒙の〔受容と反抗との〕融合形態が存在しているのである。

ところで、啓蒙を普及させるに際しては、様々な啓蒙のモデルやタイプが関わっており、それらは協力関係にある場合もあれば、競合関係にある場合もあったことは見落とされてならず、このことはとりわけドイツの啓蒙とフランスの啓蒙とを比較した場合に言えることである。両者は単に内容において多様であるのみならず、とりわけ形式、つまり特に批判のトーンという点でも異なっている。それゆえに、同時代人たちもこの二つの啓蒙に対して異なった評価を行なっており、彼らの目にはドイツ啓蒙は穏健なものとして、そしてフランス啓蒙は急進的なものとして映ったのである。それどころか、一八世紀末には既に多方面において革命の準備と解釈されていたフランス啓蒙が本来の啓蒙として理解され、その一方でドイツの改良啓蒙主義は多くの人びとにとっては非本来的な啓蒙として、それどころか時に反啓蒙とさえ映ることもあったのである。

本来的な啓蒙と非本来的な啓蒙

この二種類の啓蒙のうち、各国がどちらに対して門戸を開くのかに際しては、一連の要因が役割を演じた。その要因としては、例えば、それに基づき啓蒙の伝達が行われる社会的な枠組みがある。つまり、啓蒙の受容が（フランス啓蒙を優遇する場合に見られるように）貴族の側での文化全般の受容の枠内において問題となっているのか、それとも（ドイツ啓蒙を優遇する場合に見られるように）市民の教養文化を引き継ぐという意味において問題となっているのか、である。それに加え、要因として一般的な意義を持つものが、地理的もしくは言語的な近さ、共通の宗教的・文化的伝統である。したがって、例えば、（言葉の狭義における）イギリス啓蒙〔つまりイングランド啓蒙〕は、違いが見て取れるにもかかわらず、イギリス連合王国という政治的・言語的統一を基盤にして、スコットランド啓蒙との哲学上および文学上の緊密な一体性を形成した。一方アイルランドは、ただプロテスタントという上層の次元においてのみイギリス啓蒙に関与したに過ぎなかった。オーストリアおよびスイスのドイツ語地域でも、宗教的・政治的に隔たっていたドイツと文化的にはつながりがあるにもかかわらず、独自の文化生活が営まれ、独自の啓蒙が展開された。

1　オーストリアとスイス

オーストリアの啓蒙

オーストリアでは、ドイツやプロイセンとは前提が異なっていたため、それらとは全く違った展開を遂げた。オーストリアは完全にカトリックの国であり、対抗宗教改革の結果、後々まで宗教が政治と文化を規定していた。一七三三年でもまだ、ザルツブルクにいるプロテスタントたちが国外追放されている。その一方で一八世紀半ば以降は、オーストリア継承戦争で敗北を喫したことでその状況が緩められ、中央集権的な専制君主制の創設を目的として、一連の実際的な改革がなし遂げられた。しかし、その場合、例えばドイツに見られたような、啓蒙の理論的な構想と結びつくことはなかった。「女帝」〔マリア・テレジア〕の死後、一七八〇年に公式的にも統治を引き継いだヨーゼフ二世は、プロイセンを意識しながら、これらの〔改革的な〕政策を啓蒙専制君主を念頭に推し進めた。そして彼は、法秩序を統一し貴族の特権を廃止することによって、さらにとりわけ教会と国家の関係を緩めて社会を世俗化することによって、オーストリアを近代化することに尽力する。その際、彼は、既にマリア＝テレジアと同様、とりわけ多方面での改革者であるヨーゼフ・フォン・ゾネンフェルス（一七三三―一八一七）の支援を受けた。ゾネンフェルスはキリスト教に改宗したユダヤ人銀行家で、ダルムシュタットから移住してきてウィーン大学その他の大学で憲法の教授として、旺盛な著作活動を展開する。

しかし、〔改革の〕遅れを取り戻すために急いだこの上からの啓蒙は、実際にも上からの革命（ヨーゼフ主義）であったのであり、ほどなく挫折した。というのも、この啓蒙は、とりわけ教会政策に関しては、国民のうちにその支持基盤を持たなかったからである。ヨーゼフ二世は死の間際に、幾つかの政策を撤回さえしなければならなかったのである。

スイスの啓蒙

スイスにおける精神的発展は、オーストリアとは異なった経過を辿った。アルプス共和国における啓蒙の展開は、この国が精神面から見て地理的に分散した複雑な状況にあるということによって条件づけられている。とりわけスイスは、ドイツ語圏の東スイスとフランス語圏の西スイスに分かれていることに加え、カトリックの州とプロテスタントの州があるという制約もある。このような分散状況は、ヨーロッパ全土にわたる近代化のプロセスと比較して山間部の開発がある程度遅れたことによって強まりつつ、一八世紀にはスイスの「外国志向」の強化へとつながっていった。すなわち、バーゼル、ベルン、チューリヒはドイツ、特にプロイセンを志向し、ジュネーヴはフランスを志向するというようにである。こうした状況はまた、一部反フランス的な関心を伴ったドイツ語圏のスイスにおいて英語文献を受容することにつながっていったし、それどころか、西スイスでの（フランス語訳による）ドイツ法哲学の受容にさえつながっていった。アルブレヒト・フォン・ハラーのように長期間または短期間自分の故郷を離れたり、ジャン＝ジャック・ルソーのように終生故郷を離れたままであったりするスイス人も多くいた。とはいえまた、（ヨハン・ヤーコプ・ボードマーとヨーハン・ヤーコプ・ブライティンガーによる）文学理論におけるチューリヒ学派や、とりわけプーフェンドルフとトマージウスの影響を受けた西スイスの自然法学派――その代表的人物はジャン・バルベラック（一六七四―一七四四）、ジャン＝ジャック・ビュルラマキ（一六九四―一七八四）、エメリッヒ・ヴァッテル（一七一四―六七）である――のような独自の啓蒙運動の中核も形成された。極めて愛国的な改良啓蒙主義という意味で影響を与えようとしたのは、例えばイザーク・イーゼリン（一七二八―八二年）とベアト・ルートヴィヒ・フォン・ムラルト（一六六五―一七四九）である。そして、「エルヴェシウス協会」（一七六一）その他の愛国的な協会によって、そうした実践的であると同時に愛国的・共和制的な啓蒙の重要な担い手が育成された。さらにプロイセン領のヌーシャテルでは、フランスの『百科全書』に控え目ながらも比肩し得る、イヴェルドン版『百科全書』（一七七〇―八〇）も生み出されている。

2　イタリア、スペイン、ポルトガル

南欧諸国の啓蒙

オーストリアとスイスと全く異なった様相を呈しているのが、ヨーロッパ南部とヨーロッパ南西部のロマンス語圏諸国における啓蒙の情勢である。それらの国々でそもそも、より大きな意味での啓蒙運動について語ることができる限りではあるが。イタリアとスペイン、そしてポルトガルは啓蒙とい

う点においても当然、地理的・政治的な背景、ならびに宗教的・文化的、とりわけ言語的な背景から、特にフランスの影響下にあった。しかし、より詳細に見れば、これらの厳格なカトリック諸国においても精神的・社会的な改革どころか革命に向けての注目すべき独自の萌芽が見られたし、その一部はヨーロッパ中に影響を及ぼしさえした。

イタリアの啓蒙

一八世紀のイタリアは、まだ幾つもの国家に分かれ、ドイツ同様に首都を持たなかった。そして、とりわけバチカンの教会国家〔ローマ教皇領〕という形態をとったカトリシズムが政治面でも精神面でも実際に保守的な権力をふるっていたが、この権力からすれば啓蒙はほぼ危険なものとしか映らなかった。したがって、ローマは多くの人びとにとって反啓蒙の中心地であった。とはいえ、教会そのものの内部においても一種の改良カトリシズムの思想が広まっていた。その思想は、たいていは理論的に明示された啓蒙の構想が欠けていたとしても、例えば早くも世俗的な歴史学と文化の改革を支持した大修道院長ルドヴィーコ・アントニオ・ムラトーリ（一六七二—一七五〇）によって展開された。また、修道院長フェルディナンド・ガリアーニ（一七二八—八七）のようなフランス生活が長かった聖職者たちは、フランス啓蒙の影響を受けて、内心においてもカトリシズムから離れていた。ところで、世俗的な啓蒙の萌芽が見られるのは、特に北イタリアの特徴である。民衆の啓蒙を目指した若い改革者たちのあるグループは、雑誌『コーヒー店』（一七六四—六六）を編集するためミラノに集った。そのうちの一人でもあるチェーザレ・ベッカリーア（一七三八―九四）は、拷問と死刑の廃止を支持した論考『犯罪と刑罰』（一七六四）によってヨーロッパ中にセンセーションを巻き起こした。啓蒙専制主義という意味でオーストリアに支配されていたイタリア北部諸国の一つであるトスカーナでは、この〔拷問と死刑の廃止という〕要求は、レオポルド大公一世（在位一七六五―九〇）によって短期間で実現さえした。ナポリでは、ジャン・バッティスタ・ヴィーコ（一六六八―一七四四）が、もはや啓蒙的ではない新しい歴史哲学を援用してデカルト由来の合理主義に対して批判を展開したが、一七九九年にフランスの助力を得てジャコバン党が短期間支配しさえした。

スペインの啓蒙

スペインも、正確に言えば「啓蒙なき土地」ではなかった。この国は対抗宗教改革発祥の地である。その国では啓蒙が最初に始まって以降、ブルボン家出身のフェリペ五世（在位一七〇一―四六）の治下で一連の改革が行われ、それは特にアカデミーと愛国的な協会の設立に結実した。一八世紀半ばまで最も重要な啓蒙家の一人は、ベネディクト会修道司祭ベニート・ヘロニモ・フェイホー・イ・モンテネグロ（一六七六―一七六四）であった。彼は一七世紀のフランス哲学のみならず、ニュートンにも依拠していた。カルロス三世（在位一七五九―八八）の治世に大臣を務めていたのがペドロ・パブロ・アバルカ・イ・ボレア・アランダ（一七一八―九八）〔第一〇代アランダ伯爵〕である。彼は、啓蒙専制主義における啓蒙官僚の主要人物の一人であり、一七六七年にイエズス会の活動を禁止したが、この頃にスペインにおける自由化は頂点に達した。文学と演劇は栄えたが、大衆向けの聖体祭劇は神を冒涜するものとして禁じられた。一七五九年には、パリよりも二〇年早く、最初の日刊紙がマドリードで発行された。ところが、自由主義的で極めて国民国家的な改革運動はナポレオンのスペイン侵略によって頓挫した。

ポルトガルの啓蒙

ポルトガルにおいてもカトリシズムが支配的であったために、当初はあらゆる批判的な改良が抑圧されていた。その状況がようやく一変したのは、フランス啓蒙の影響を受けたポンバル侯爵（一六九九―一七八二）がジョゼ一世（在位一七五〇―一七七七）治下の一七五六年に首相となり権力を握るようになってからであった。その時代に絶対主義的な支配力によって国の急進的な近代化が始まったからである。ポンバルは反教会的政策を掲げ、啓蒙家に限らず嫌悪されていたイエズス会士たちを一七五九年に追放した。それには死刑と逮捕も伴っていた。これにより彼の政策は目覚ましいほどの最高潮に達した。この点でポルトガルは、一時的にヨーロッパの戦闘的な啓蒙運動の先頭に立っているようにさえ思われた。しかし、一七七七年にポンバルは失脚し、ポルトガルはヨーロッパの啓蒙運動から再び退いた。

3　オランダ、デンマーク、スウェーデン

北欧諸国の啓蒙

カトリック圏のヨーロッパ南部および南西部とはさらに異なった様相を呈しているのが、プロテスタントが優勢のヨーロッパ北部および北西部である。スコットランドとアイルランドがイングランドと国家的、文化的なつながりを持ちながら、それぞれの啓蒙の問題点を明らかにしていったのに対して、一方では〔フランスの影響を受けた〕オランダが、そしてもう一方では〔ドイツの影響を受けた〕デンマークとスウェーデンが、それぞれ比較的独立して各国固有の問題を乗り越えることができた。

オランダの啓蒙

一七世紀後半から一八世紀前半にかけてオランダは、寛容さという点で際立っていた。そして、とりわけ書籍と新聞を大量に印刷することによって啓蒙思想の成立と仲介において重要な役割を演じた。ナントの王令廃止以降、この国にユグノーたちの多くが逃れてきた。亡命地でのこのフランス人プロテスタントによる啓蒙は、オランダのデカルト主義および自然科学と結びつくことができた。自然科学の分野で国際的な名声を得ていた最も著名な代表的人物は、クリスティアーン・ホイヘンス（一六二九—九五）とアントニ・ファン・レーウェンフック（一六三二—一七二三）である。その一方で、オラン

ダで生活をしていたユダヤ人哲学者バールーフ・デ・スピノザ（一六三二―一七七）の宗教批判は当初、激しく拒絶されるばかりであった。少なくとも民衆の啓蒙という意味での広範な拡がりは実現せず、この時点ではほとんど目指されることもなかった。オランダ独自の啓蒙は、一八世紀後半になってようやく、特にフランス啓蒙における無神論的・唯物論的傾向へのリアクションとして展開されたが、それにはフランスの影響がさらに拡大することへの恐怖という政治的な理由も働いていた。共和制的な考えが含まれてはいたが、宗教的な事柄に関してはむしろ保守的なオランダの改良啓蒙主義は、ドイツの場合と同様、ときに真の啓蒙（ware verlichting〔オランダ語〕）と見なされ、信仰と理性との間の妥協と共に道徳による社会の修復を追求した。オランダ啓蒙もまた、革命の名のもとに一七九五年に行われたフランスによるオランダ侵略の犠牲となった。

デンマークの啓蒙

デンマークは一八世紀においても強国の一つであり、その領土はハンブルクにまで及んだ。そのために、デンマークは異なった言語と関心を持った二つの別々の民族グループから成り立っていたが、両グループは校則の導入のような実践的な改革においては徹底して協働した。（国家の高級官僚のトップにまで登りつめる程に）ドイツ人がこの改革に深く関与したがゆえに、デンマークにおける精神的状況は既に早くからとりわけドイツの精神的潮流（敬虔主義、しかもまたヴォルフ主義）との対決によって影響を受けていた。一八世紀の後半には、例えばハンブルク出身のヨハン・ベルンハルト・バゼドウ

（一七二四―九〇）はソーレ〔デンマーク東部のシェラン島にある都市〕の騎士アカデミーで教鞭をとった。また、精神病患者であった国王クリスチャン七世のドイツ人侍医ヨハン・フリードリヒ・ストルーエンセ（一七三七―七二）は急進的な啓蒙家であり、一七七〇年に検閲を廃止するよう取り計らったことによって、デンマークは格段に自由な国であるとの名声を手に入れた。デンマーク人の民族グループの最も重要な代表的人物は、ハレにいるトマージウスの下で学んだ著作家ルズヴィ・ホルベア（一六八四―一七五四）である。彼は自らも教鞭をとって自然法を講義し、啓蒙専制主義を支持した。デンマークの市民階級出身の他の啓蒙家たちが、のちに貴族批判をも吹聴して回ったのに対して、ホルベアはとりわけ宗教的な非寛容に対して闘った。

スウェーデンの啓蒙

スウェーデンにおける啓蒙は、当初からフランスの強い影響下にあった。というのも、スウェーデンでは啓蒙が貴族を経由してもたらされたからであるが、もしかするとそれはスウェーデンが元来プロイセンと敵対関係にあったことに起因するのかもしれない。一八世紀前半に啓蒙の理念が展開していくきっかけとなった比較的小さな端緒が見られた後、一八世紀半ば以降はフランス文化の影響をますます受けるようになり、それに伴いフランス啓蒙もますます流入してくる。その際、アードルフ・フレードリク（在位一七五一―七一）とその妻ロヴィーサ・ウルリカ（一七二〇―八二）が決定的な役割を演じた。一七三九年にスウェーデン王立科学アカデミーが設立されたことを皮切りに、文学と歴史のアカデミー、オペラハウス、国民劇場、スウェーデン・アカデミーが設立される。一七六〇年以降は、啓蒙のためのジャーナリズムの場となる『スウェーデン・メルクール』が刊行される。一七六六年には制限つきではあるが出版の自由が保証される。事態がこのように進んでいく中で、〈啓蒙する aufklären〉に相当するフランス語の表現〈照らす éclairer〉と並んで、〈啓蒙 Aufklärung〉というドイツ語表現に倣って作られたスウェーデン語の〈upplysning〉という言葉も徐々に使われるようになる。それと同時に、この啓蒙の受容の限界も現れてくる。フランスにおける宗教と教会に対する批判は、プロテスタント圏のスウェーデンでは反響はほぼ起こらなかった。それに対して、スウェーデン啓蒙における政治的野心は、ほとんど至る所で啓蒙専制主義への希望と共和制への愛好との間を揺れ動いていた。その上、スウェーデン啓蒙の重要な代表的人物である植物学者のカール・フォン・リンネ（一七〇七―七八）と自然哲学者であり神学者のエマヌエル・スヴェーデンボリ（一六八八―一七七二）はまだ、もしくはまたもや、非合理主義への強い傾向をもっていた。しかも、既にフランス革命の勃発以前から、そしてそれ以後はいよいよもって、精神的な風土が変化し始める。グスタフ三世（在位一七七一―九二）は、もともとは啓蒙に好意的であったが、啓蒙が（そのフランス的な形態をとって）明らかに君主制と宗教を脅かしていたため、啓蒙に対してますます対抗するようになっていた。そうして、一七九〇年代にはスウェーデンにおいても、おそらくはドイツの影響を受けて、真の啓蒙についての議論が始まった。

4　ポーランド、ロシア、ハンガリー

東欧諸国の啓蒙

ヨーロッパ東部およびヨーロッパ南東部における啓蒙は、少なくとも一見したところ、ただひっそり行われてきただけのように思える。目立った啓蒙運動を担っていた層はヨーロッパ西部におけるよりもずっと貧弱で、わずかの例外を除き偉大な人物という点においても不足していた。有効な啓蒙と改革のプロセスがこのように欠落していることについては、とりわけ互いに緊密につながり合った次の三つの理由があった。教育が全般的に欠如していたこと、多数の人びとが特にひどい貧困にあったこと、そしてカトリック教会もしくは正教会の立場が強かったこと、の三つである。とりわけヨーロッパ中西部と比べて多方面で発展が遅れていたことで、たしかにあらゆる種類の改革の必要性が叫ばれてはいたが、同時に啓蒙による精神的な改革は、その一部は今日にいたるまで、道半ばである。

ポーランドの啓蒙

ポーランドは一八世紀には徹底してカトリックの国であり、その精神生活は依然としてイエズス会による対抗宗教改革によって規定されていた。とはいえ、中・下級貴族においてと同様、たいていは市民階級出身の聖職者たちの間でも、既に一八世紀前半には教育改革を支持する声が挙がっていた。

この声は、例えばワルシャワの貴族学院設立（一七四〇）に反映された。そこでは、啓蒙の様々な萌芽が交わり合っていた。最初の重要な改革の萌芽はドイツからやって来たが、その一方で、スタニスワフ二世・アウグスト・ポニャトフスキ（在位一七六四―九五）の戴冠以後はフランスの影響が極めて強くなった。むろんのこと、フランス文化の受容は、ほぼ貴族だけに限られたままではあったが、宗教批判と封建制批判と共にフランス啓蒙の理念もこの国に入ってきた。それと同時に、国家の政治状況を視野に入れたより広範な社会改革の議論が始まった。一七九一年五月三日に、ポーランド議会はヨーロッパの国としては初めて成文憲法を成立させた。だがその後のロシア、ドイツ、オーストリアによるポーランド分割によって、啓蒙もほどなくして終わりを迎えることとなったのである。

ロシアの啓蒙

啓蒙の概念を極めて広く解するなら、ロシアにおける啓蒙は既に早い時期から、すなわち絶対主義的な君主ピョートル一世（在位一六八二―一七二五）から始まった。この皇帝は「西洋的理念」の影響下に、横暴で容赦のない仕方でロシアの近代化を貫徹させようとした。その際に重要であったのは、民衆の啓蒙というよりはむしろ国家の近代化、特に国家の経済と軍隊の近代化であった。しかし、これと関連している政策、例えば科学アカデミーの創設（一七二四）ですら、緒に就くだけに留まった。女帝エリザヴェータ（在位一七四一―六二）治下のモスクワ大学（一七五五）およびサンクトペテルブルクの芸術アカデミー（一七五七）の創設によって、啓蒙はようやく、少なくとも指導的エリート層において地歩を固めた。その際とりわけ重要な役割を演じたのが、ヴォルフ学派から出たミハイル・ワシリエヴィチ・ロモノーソフ（一七一一―六五）である。その後、宗教的には融通無碍であるが絶対権力には意を用いた女帝エカチェリーナ二世（在位一七六二―九六）は、フランスの啓蒙家たちに目を向け、西洋文化への門戸をさらに開いていった。とはいえ、教育の拡充は社会のわずかな上層部に限られたままであり、その一方で大多数の民衆は締め出され、「西洋的理念」に対して全面的な不信が残っていた。彼らは精神面で正教会に支配されていた。その後、フランス革命が啓蒙専制主義そのものも脅かすようになると、ロシアにおいても啓蒙のプロセスが突如として中断したのである。

ハンガリーの啓蒙

南東ヨーロッパにおいて啓蒙は、特におそらくオーストリアとの政治的結びつきに基づいて、とりわけハンガリーで地歩を固めることができた。たとえそれが比較的遅い時期に、結局のところようやく一七七〇年代になって起こったにしてもである。ハンガリーの啓蒙は、もちろん極めて程度が限られてはいたが、オーストリアのヨーゼフ主義に好感を抱いていた。というのも、ハンガリーの啓蒙は、貴族的であろうと市民的であろうと、愛国的であろうと「民族的」であろうと、広範囲に亘っていたからである。一般民衆への教育が欠如していたため、こうした啓蒙の担い手の大部分は、昔からいたエリート層出身であった。ハンガリーにおける啓蒙文学の定礎者は、「女帝」マリア・テレジアのかつての近衛兵ジェルジ・ベッシェニェイ（一七四七―一八一一）であった。その他の著作家たちは様々な宗教団体の出身であった。そして、どの国においてもそうであったように、とりわけヨーゼフ二世の治下で、雑誌と書籍の製作が急速に増加した。それどころか市民陣営の内部では、ある小さなグループが一八世紀末に突然、フランス革命の過激な理念に目を向けるようになったのである。

5 アメリカ

アメリカの啓蒙

ヨーロッパと類似してはいるが全く異なった様相を呈しているのが、一八世紀アメリカの精神的状況である。一八世紀末になってもアメリカはまだ、大部分がヨーロッパの植民地であった。そのアメリカでは、啓蒙の時代においてはさしあたりヨーロッパの精神的運動がそのまま現れていたに過ぎなかった。アメリカは依然として移民の国であったからである。スペインとポルトガルが所有していたカトリック圏の南部アメリカは、啓蒙には全く目もくれなかったも同然であった。北部アメリカでは、人びとはイギリス、フランス、ドイツで起こった改革運動に、少なくとも時々は注意を向けていた。自国の著作家がいなかったため、さしあたりはヨーロッパの著作家の文章が読まれていた。その一方で、凝り固まった伝統の重荷をほとんど持たないこの国では、そうした思想的土壌が近代的な理念にとってとりわけ好都合でもあった。宗教的寛容と人権の尊重への要求は、［建国理念として］この国のいわば出生証明の一部であって、こうした要求が、例えば自然法の原理や共和制的な傾向を促進し、その後、独立戦争において特に「独立宣言」(一七七六)と「権利章典」(一七九一)のテクストのうちに表現された。トマス・ペイン(一七三七—一八〇九)、ベンジャミン・フランクリン(一七〇六—九〇)、あるいはトマス・ジェファソン(一七四三—一八二六)といったこの時代の指導的人物たちが、ヨーロッパの啓蒙と接触を持った。イギリス本国に対する植民地アメリカの反抗は、たしかに元々は主に経済面での抵抗運動であった。しかしこの反抗は本質的にはイギリスに由来し、一部はやはりフランスとドイツにも由来する啓蒙の理念の名の下に、自らの正統性を主張した。アメリカ合衆国北部は、イギリスの君主制との関係を断ったことによって、完全に啓蒙における意味での自由と自らの幸福を求める(〈幸福追求 pursuit of happiness の〉)権利を個人に保障した成文憲法を有する最初の近代民主制を実現した。この点は、ヨーロッパの啓蒙に対して逆に影響せずに済むはずはなかった。こうしてアメリカは、一八世紀ヨーロッパの多くの著作家たちの目には、自由の国として映ったのである。

欧米諸国における革命の受容と反革命

啓蒙家たちによる啓蒙の受容と反抗とが多方面で相互に結びついていたのは明らかである。一方では、ヨーロッパの様々な国々では抵抗と反抗の潜在力、つまり自国の内部情勢に対する批判が、自国の啓蒙の発展や他国の啓蒙の習得につながっている。他方で、他国で起こった反抗もしくは革命(アメリカ革命であれ、フランス革命であれ)が、自国でそれを模倣する刺激となり、推進力となった。しかし特にフランス革命の結果外国の革命軍によって革命が暴力的に輸入されたような革命の受容は、啓蒙受容の終焉と反革命に、それゆえに反抗に対する反抗につながり得るのである。

第6章　啓　蒙――一つの時代の終焉？

1　啓蒙の挫折

一七八〇年以前から既に、啓蒙がその「主要な国々」で衰退し始めている様子が見て取れる。啓蒙の偉大な先駆者たちと支持者たちが次々と鬼籍に入る一方で、啓蒙の種々のスローガン（なかでも特に〈啓蒙〉という言葉自体）は、人口に膾炙することで、魅力と迫力をますます失っていくことになる。それと時を同じくして、ヨーロッパ各地で公然と非合理主義的な反対運動が起こり、とりわけ若い世代がこの運動に歩調を合わせた。啓蒙の持つ道徳主義と結びついていた、古くからある感傷主義に代わり、今や感情と想像力、自然と歴史、そして驚嘆すべきものと不気味なもの、これらの価値が凄まじい勢いで高まってくる。すなわち、暗きものの魅力が増し、それが悟性によるいわゆる上っ面の明晰さに対抗してくるのである。さらに、理性宗教によっては満たされずにくすぶっていた新しい宗教的な欲求が存在する一方で、しかし、権力者たちには次のような政治的な欲求も膨れ上がってくる。それは、啓蒙の持つ脅迫めいた、あるいは危惧される影響力に対して行政の面から対抗する欲求である。いずれにせよ、かつては攻勢的であった啓蒙はますます守勢的な立場に追いやられていくのである。

加えて、啓蒙の終焉にとって決定的な出来事となったのが、フランス革命であった。この革命は最初はたしかに、啓蒙が要求する根本的な事柄を実現してくれるという期待を持たせるもののように思われた。したがってフランス革命は、啓蒙とは距離を置いていた知識人たちも含め多くの知識人たちを感激させたのであり、なかでもドイツでこのことは顕著であった（その一方で、フランス文化をフランス啓蒙の中で賛美していた統治者たちと多くの貴族たちが抱いていた共感は、一七八九年にかなり唐突に消失した）。しかし、国王がパリで処刑されテロリズムが支配し始めてからは、精神的・政治的な雰囲気はがらりと変わった。この革命が原因でヨーロッパ各地で勃発した国家間の戦争、特にナポレオンの侵略戦争が、「啓蒙の国際性」までも破壊した。つまり、理性的な世界市民主義という理想と、民族と国民というものに拘泥する歴史的現実とは相入れるものではなかったのである。国家そのものはこの頃には、社会契約という仮説を支えとし、（自由、正義、財産保護などといった）目的のための手段なのだとはもはや理解されずに、自然的ないし歴史的な有機体として、あるいはそれどころか神的理念として理解され、再び神話化されることになったのである。

啓蒙の終焉は、立場次第で、その捉え方も変わり得る。すなわち、啓蒙の終焉を啓蒙の挫折と克服と捉えることもできれば、その反対に啓蒙の危機と変質と捉えることもできる。要するに、啓蒙の終焉は反啓蒙あるいは新たな理念の勝利と捉えることもできれば、より高次の新しい啓蒙への単なる通過点と捉えることもできるのである。どちらの捉え方がよいのかということについては、未だ決着がついていない。換言すれば、次の二つの問いをめぐっては未だ決着がついていないのだ。その二つの問いとは、啓蒙の終焉とは、自由な人間理性という幻想的な理念が最終的な形で挫折したことを意味するのか、それとも、啓蒙の終焉ということで単に近代が一時的に機能不全の状態にあることだけが問題になっているのか、である。

このことを考える上でおそらく最初からほぼ避けられないのは、啓蒙がみすぼらしい形で終焉を迎え、その意味で啓蒙の実際の歴史が頓挫したのは一八世紀末であったことを確認することである。啓蒙の諸理念が一八世紀末になっても啓蒙の開始時期と同程度の真実性を含んでいたにせよ、その真実性が時代が進むにつれもはや十分なものでなかったのは明らかである。この世紀が進む中で多くのスローガンが〈悟性〉から〈理性〉へ、〈徳〉から〈自由〉へ、〈自然的な義務〉から〈自然法〉へといったように力点をずらしていっているなかに、変化する現実ないし現実の経験に適応していこうとする啓蒙の努力が既に示されてはいる。とはいえ、この努力がほんの少ししか報われなかったことは明らかである。〔例えば、自由な感情の価値を引き上げるといった〕啓蒙自身にはもはや理解できなかった諸経験が啓蒙によって可能となった。殊にフランス革命は、その一部はかなり前から追求されてきた、〔平等や友愛といった〕人間の共生という新たなチャンスをわずかな期間ではあったにせよ掴み取ったがゆえに、啓蒙の持つ概念的な方法によっては解決できなかったように思われる新たな諸問題を、考えるべきものとして突きつけたのである。

ただし啓蒙の挫折は、啓蒙が成功したことの一つの帰結でもあったことは、看過されてはならない。人権と寛容の要求といった、啓蒙がもたらした多くの成果は、実際何度も危機に瀕したにもかかわらず、今となっては自明のものとなった。それどころか啓蒙による幾つかの要請は、法の改正によって国家の体制に取り入れられもした。啓蒙は特に教育・教養の分野で非識字の撲滅に力を注ぐことで、普遍的な近代化のプロセスを加速させたが、さらに医学・衛生学の分野でも実践的な対策を促進させた。しかし啓蒙は、それがある程度普及し、深部にまで及ぶ効果をもたらした国々ではとりわけ、理性に定位したメンタリティを生み出し、それにより、言論による批判能力は今では当然のごとく（少なくとも、要請という形で）日常生活に浸透している。たしかに、逆行、すなわち宗教的ないし政治的使命を帯びた復古の試みは全て、いつの時代にも起こり得ることではある。しかし、そういった試みをロマンチシズムないしは単なるまやかしだと見抜くことも常に可能なのである。

特に留意すべきは、一八世紀当時に形作られた啓蒙そのものは歴史的な諸理由で挫折したということだけでない。抽象的かつ一般的な意味での啓蒙もまた、知識の獲得（自己の啓蒙）と知識の伝達（他者の啓蒙）の両面で原理的に問題をはらんでおり、したがって常に挫折する危険があるということも留意すべきである。というのも、理論理性だけでなく実践理性の力も、真摯な啓蒙家たちが概して想定していた以上に限られたものであるように思われるからである。たしかに、啓蒙には認識の可能性と限界についての問いが最初からつきまとっており、さらにその問いは最後は徹底した認識批判につながっていくのではあるが、個人の経験的ないし合理的な認識の確実性はそれでも十分に維持されたままであった。そして、道徳的改善の可能性と限界についても繰り返し俎上に載せられたが、哲学者と詩人のほとんどが〔宗教に代わり得る〕徳そのものを疑問視することは終ぞなかった。しかし特に他者の啓蒙（自己の啓蒙とは違う他人の啓蒙）の問題、要するに〔他者に知識を伝達することがはらむようなこの〕語の一般的な意味における啓蒙の問題は軽視されていたし、それは今でも変わっていない。啓蒙は、それを最も必要としている人たちには、ほぼ全く行き届いていない。それどころか啓蒙を必要としている人びとに啓蒙への意欲もなければ啓蒙に対する能力もないということも稀ではない。したがって「啓蒙が成功する」公算は「啓蒙が失敗する」公算よりも一層小さいのである。

2　啓蒙のアクチュアリティ

啓蒙がその後に残した最大の問題は、啓蒙自身が有する機能についての問い、つまり啓蒙の可能性と限界についての問いなのかもしれない。しかもそれは、啓蒙自身が生み出した諸問題を特に正面に据えた上での問いである。啓蒙による多くの成果は、啓蒙という一時代の終わりによっても、またそのあとに続く啓蒙に対する軽蔑によっても、減じ得るものではなかったが、それと同時に、啓蒙によって可能となった発展ゆえの新たな問題も出てきた。それゆえに、われわれは啓蒙の帰結と啓蒙の残した負担をベースになお生きているのである。世界の普遍的な近代化そのものから多くの問題が生じてはきたが、それらの問題の責任は啓蒙にこそあると見なすのが当然のようになっている。それというのも、啓蒙が長い道のりを経て、いわば近代化のイデオロギーを伝えてきたからである。いずれにせよ、啓蒙は(それが伝統に反対する理性を呼び起こしたことによって)、「過去志向－未来志向」というそれ自身古くから存在している対立軸を極めて先鋭化させた。「伝統－解放」、「近代主義－反近代主義」、「価値保守主義－進歩信仰」といった対立軸が、至る所で日々繰り返し論じられている。そしてこうした対立・分裂は、個々人が特に経験しているものである。啓蒙自身はこの点で、常に新たなアクチュアリティを持った問題なのである。

このアクチュアリティのみならず、それとは別の両極的な一連の問題も「啓蒙の弁証法」という広い概念のもとで捉えることができる。これによりさらに、例えば、悟性を高く評価した時代の後に、大いなる信仰の時代が何度も出現した(これは一八世紀においても既に見られ危惧されていた)ことを考えることができるようになる。また、悟性が極度に優勢になることで感性と身体性が著しく抑圧され、その結果この抑圧が何らかの形で反撃に出ること(一八世紀においてもこのことは実際に起こったことである)、もしくは真摯なヒューマニズムも暴力に訴えるテロリズムへと転化せざるを得ない、ということも考えることができるようになる。さらに、より一般化すれば、啓蒙は(常に既に)神話と闘ってきたが、啓蒙自身が(常に既に)神話へと退化する、したがって、「あらゆるものが神話である一方で、またあらゆるものが啓蒙である」と考えることもできるようになるのである。ただし、もしこのテーゼを具体化させようということであれば、さらなる詳細な研究が、特に啓蒙という概念においては必要不可欠であろう。少なくとも、啓蒙を実証主義的な科学や技術化可能な科学と同等に扱うことで歪曲すべきではないだろう。ともあれ、さしあたりまだはっきりしないまま問いとして残るのは、啓蒙についてのこの啓蒙といったものの方は、ただひたすら自己満足的な文化批判であろうとしているだけなのか、それとも、さらなる反省が加わった啓蒙のための準備であろうとしているのか、そのどちらなのかということである

いずれにせよ、啓蒙を単に罵ったり、形ばかりの批判をしたりすることにはほぼ何の意味もない。というのも、時代的な視点のみならず、事柄に焦点を当てた視点から見ても、啓蒙批判自体が啓蒙によって初めて可能になったものだということは言うまでもないからである。啓蒙批判は、それが実際になされるためにも、またなされ得るためにも、啓蒙を前提としている。すなわち、啓蒙批判はそれ自体、啓蒙についての啓蒙なのである。啓蒙批判は、批判として理解された一つの啓蒙の「啓蒙による」批判であり、それゆえにメタ批判なのである。ただしこのメタ批判は、独断主義や非合理主義に陥る可能性さえある。したがって、「啓蒙には自己反省が欠如している」と非難する啓蒙批判には、とりわけそうした啓蒙批判自身に対する自己反省が期待されてよい。啓蒙批判は、たとえそれが自己自身をどれほど誤解していようとも、それ自体は反啓蒙ではなく、より高次の啓蒙へと向かうものなのである。啓蒙批判は、それが独断的なものや非合理的なものへの急転回でない限りは、それ自体啓蒙の継続に他ならない。そして、啓蒙批判は啓蒙が抱える諸問題を解決するものではなく、徹底して先鋭化させるものなのである。

啓蒙が反省の継続や際限なき分析といった意味で理解されるならば、啓蒙は退屈で希望なきものであることは言うを俟たない。問われるべきは、退屈で希望なきものに代わるものは何なのかということに他ならない。悟性によるわれわれの認識が全てではないという漠然とした思いについては、議論する必要のないものである。しかし、「理性は何かを名目にして自ら自身を犠牲に捧げなければならない」ということがもし主張されるようなことがあるとすれば、そうした主張は切に憂慮されなければならないであろう。あらゆる啓蒙は、これまではひょっとすると、われわれの諸問題に対して明快な回答を与えてこなかったかもしれない。しかしそうであったにせよ、思考は自らを愚鈍にし、分別を失わせることを望むなどそもそもできないのである。

謝辞

ミュンスター大学の哲学ゼミナールにおける啓蒙研究グループのわたしの仲間たち、マルティン・ダールハイマー、シュテファン・クムビア、ミルヤム・ライシェルト、そして最後に特にレギーナ・ロベルトに心より感謝申し上げます。彼（女）らの精力的な援助がなければ、わたしはこの小著を指定された期間内に書き上げることはできなかったでしょう。

一九九六年一〇月　ミュンスターにて

参考文献一覧

以下の参考文献は、「啓蒙の時代」について理解を深めていく上で最初の一助となればと考え挙げておいた。そのため、啓蒙に関する一般的な視点を扱った書物と特に重要な視点を扱った書物のみを挙げ、個々の人物についての研究書、ならびにその著作や作品集および論文は取り上げなかった。啓蒙に関してさらに関心を拡げていく際には、ここで列挙した書物が概ね、個々の研究文献に対する詳細な展望を示すものとなっている。

Alt, Peter-André: *Aufklärung*（Stuttgart, Weimar 1996）.
Bäumler, Alfred: *Das Irrationalitätsproblem in der Ästhetik und Logik des 18. Jh. bis zur Kritik der Urteilskraft*（Darmstadt 1967）.
Baruzzi, Arno（Hg.）: *Aufklärung und Materialismus im Frankreich des 18. Jahrhunderts*（München 1968）.
Beck, Lewis White: *Early German Philosophy. Kant and his Predecessors*（Cambridge, Mass. 1969）.
Becker, Karin Elisabeth: *Licht – [L]lumière[s] – Siècle des Lumières. Von der Lichtmetapher zum Epochenbegriff der Aufklärung in Frankreich*（Inaug. Diss. Köln 1994）.
Cassirer, Ernst: *Die Philosophie der Aufklärung*（Tübingen 1932）.〔エルンスト・カッシーラー『啓蒙主義の哲学（上）（下）』（中野好之訳）、ちくま学芸文庫、二〇〇三年〕
Dieckmann, Herbert: *Diderot und die Aufklärung. Aufsätze zur europäischen Literatur des 18. Jahrhunderts*（Stuttgart

1972).

——— *Studien zur europäischen Aufklärung*（München 1974）.

Fabian, Bernhard/Schmidt-Biggemann, Wilhelm（Hg.）: *Das achtzehnte Jahrhundert als Epoche*（Nendeln 1978）.

Fontius, Martin/Schneiders, Werner: *Die Philosophie und die Belles-Lettres*（Berlin 1996）.

Förster, Wolfgang（Hg.）: *Aufklärung in Berlin*（Berlin 1989）.

Gay, Peter: *Enlightenment: An Interpretation – The Rise of Modern Paganism*（London 1967）.

——— *Enlightenment: An Interpretation – The Science of Freedom*（London 1970）.〔ピーター・ゲイ『自由の科学Ⅰ：ヨーロッパ啓蒙思想の社会史』、『自由の科学Ⅱ：ヨーロッパ啓蒙思想の社会史』（中川久定、鷲見洋一、中川洋子、永見文雄、玉井通和訳）、ミネルヴァ書房、二〇一四年〕

Geyer, Paul（Hg.）: *Das 18. Jahrhundert. Aufklärung*（Regensburg 1995）.

Grimm, Jürgen（Hg.）: *Französische Literaturgeschichte*（Stuttgart 1989）.

Grimminger, Rolf（Hg.）: *Hansers Sozialgeschichte der deutschen Literatur vom 16. Jh. bis zur Gegenwart. Bd. 3. Deutsche Aufklärung bis zur Französischen Revolution 1680–1789*（München, Wien 1980）.

Hazard, Paul: *Die Krise des europäischen Geistes 1680–1715*（Hamburg 1939）.〔ポール・アザール『ヨーロッパ精神の危機：1680-1715』（野沢協訳）、法政大学出版局、二〇一五年〕

——— *Die Herrschaft der Vernunft. Das europäische Denken im 18. Jh.*（Hamburg 1949）. *Erziehung im Konstitutionsprozeß der bürgerlichen Gesellschaft im 18. und frühen 19. Jahrhundert in Deutschland*（Weinheim 1993）.

Im Hof, Ulrich: *Das Europa der Aufklärung*（1993; 2.Aufl.München 1995）.〔ウルリヒ・イム・ホーフ『啓蒙のヨーロッパ』（成瀬治訳）、平凡社、一九九八年〕

Jüttner, Siegfried/Schlobach, Jochen (Hg.): *Europäische Aufklärung(en). Einheit und nationale Vielfalt* (Hamburg 1992).

Knabe, Peter-Eckhard (Hg.): *Schlüsselbegriffe des kunsttheoretischen Denkens in Frankreich von der Spätklassik bis zum Ende der Aufklärung* (Düsseldorf 1972).

——— (Hg.): *Frankreich im Zeitalter der Aufklärung. Eine Kölner Ringvorlesung* (Köln 1985).

Kondylis, Panajotis: *Die Aufklärung im Rahmen des neuzeitlichen Rationalismus* (Stuttgart 1981).

Krauss, Werner: *Perspektiven und Probleme. Zur französischen und deutschen Aufklärung und andere Aufsätze* (Neuwied, Berlin 1965).

Martens, Wolfgang: *Die Botschaft der Tugend. Die Aufklärung im Spiegel der deutschen moralischen Wochenschriften* (Stuttgart 1968).

Merker, Nicolao: *Die Aufklärung in Deutschland* (München 1982).

Möller, Horst: *Vernunft und Kritik. Deutsche Aufklärung im 17. und 18. Jahrhundert* (Frankfurt/Main 1986).

Mondot, Jean/Valentin, Jean-Marie/Voss, Jürgen (Hg.): *Deutsche in Frankreich, Franzosen in Deutschland 1715–1789. Allemands en France, Français en Allemagne 1715–1789* (Sigmaringen 1992).

Mortier, Roland: *Clartés et Ombres du Siècle des Lumières. Etudes sur le XVIIIe siècle littéraire* (Genf 1969).

Pütz, Peter: *Die deutsche Aufklärung* (Darmstadt 1978).

Raabe, Paul/Schmidt-Biggemann, Wilhelm (Hg.): *Aufklärung in Deutschland* (Bonn 1979).

Röd, Wolfgang: *Die Philosophie der Neuzeit 2, Von Newton bis Rousseau* in: Röd, Wolfgang (Hg.), *Geschichte der Philosophie, Bd. 8* (München 1984).

Sauder, Gerhard/Schlobach, Jochen (Hg.): *Aufklärungen. Frankreich und Deutschland im 18. Jahrhundert*, Bd. I

(Heidelberg 1985).

Schalk, Fritz: *Studien zur französischen Aufklärung* (1964; 2. erw. Aufl. Frankfurt/Main 1977).

Schneiders, Werner: *Die wahre Aufklärung. Zum Selbstverständnis der deutschen Aufklärung* (Freiburg, München 1974).

——— *Aufklärung und Vorurteilskritik. Studien zur Geschichte der Vorurteilstheorie*, in: Hinske, Norbert (Hg.), *Forschungen und Materialien zur deutschen Aufklärung*, Abtl. II, Bd. 2 (Stuttgart, Bad Cannstatt 1983).

——— *Hoffnung auf Vernunft. Aufklärungsphilosophie in Deutschland* (Hamburg 1990).〔ヴェルナー・シュナイダース『理性への希望』(村井則夫訳)、法政大学出版局、二〇〇九年〕

——— (Hg.) *Aufklärung als Mission, La mission des Lumières. Akzeptanzprobleme und Kommunikationsdefizite, Accueil réciproque et difficultès de communication* (Marburg 1993).

——— (Hg.) *Lexikon der Aufklärung* (München 1995).〔ヴェルナー・シュナイダース編『啓蒙思潮事典』(『関東学院大学文学部紀要』第一一一号、二〇〇七年、七七—一五八頁(佐藤茂樹訳(部分訳)))〕

Schrader, Wolfgang H.: *Ethik und Anthropologie in der englischen Aufklärung. Der Wandel der moral-sense-Theorie von Shaftesbury bis Hume* (Hamburg 1984).

Schröder, Winfried u. a.: *Französische Aufklärung. Bürgerliche Emanzipation, Literatur und Bewußtseinsbildung* (Leipzig 1979).

Standop, Ewald/Mertner, Edgar: *Englische Literaturgeschichte* (1967; 3. erw. Aufl. Heidelberg 1976).

Vierhaus, Rudolf (Hg.): *Wissenschaften im Zeitalter der Aufklärung* (Göttingen 1985).

——— *Deutschland im 18. Jahrhundert. Politische Verfassung, soziales Gefüge, geistige Bewegungen* (Göttingen 1987).

——— *Was war Aufklärung?* (Göttingen 1995).

Voss, Jürgen: *Deutsch-französische Beziehungen im Spannungsfeld von Absolutismus, Aufklärung und Revolution* (Bonn, Berlin 1992).

Wundt, Max: *Die deutsche Schulphilosophie im Zeitalter der Aufklärung* (Tübingen 1945).

訳者後書き

本書は、ヴェルナー・シュナイダース（Werner Schneiders 1932-2021）が、広範な読者層を念頭に執筆した *Das Zeitalter der Aufklärung* ^{5}2014（^{1}1997）の翻訳である。一九九七年の初版刊行以降五版されており、ドイツでは一定数の読者をもつことがわかる。本書の表題にも見られる“Aufklärung”の訳語は、「啓蒙」を主たるものとして、文脈に応じて「啓蒙主義」「啓蒙思想」「啓蒙運動」を適宜使い分けて充てた。また“Aufklärer”については、一般に多用されてきた「啓蒙思想家」「啓蒙主義者」ではなく、啓蒙に関わった人物群を広く取り上げるという本書の趣旨に鑑みて、最も外延の大きい「啓蒙家」という訳語を採用した。

ヨーロッパ近代を特徴づける思想であり運動である「啓蒙」については未だに評価が分かれている。一八世紀の「啓蒙」が明確に表明した人間理性への信頼が、その後の人類史を方向づけているとして積極的に評価する見方（例えばエルンスト・カッシーラー『啓蒙主義の哲学』）が一方に、同じ「啓蒙」概念のうちに野蛮への萌芽を認めるといった見方（例えば、マックス・ホルクハイマー、テオドール・アドルノ『啓蒙の弁証法』）が他方にあるからである。また、そもそも「啓蒙」は無内容な標語にすぎないという解釈すらある。本書の著者シュナイダースの基本的な立場は、一八世紀の「啓蒙」が人類にとって多数の重要な理念を生み出し、そういった理念がその後様々な反動や揺り戻しがありはしたものの、現在私たちが広く共有する価値観、例えば個人の自由や人権の尊重、寛容の精神などにつながっていると見なすことで、「啓蒙」に積極的な意味を認めようとするものである。著者はもちろん手放しでそういった理念が現在もそのまま生きていると見なすのではなく、私たち自身が常に新たに「啓蒙」について真摯に反芻することではじめてそれら理念は本来のアクチュアリティを取り戻すことができると考えている。「啓蒙」を批判することもまた必要であるだろう。ただし、忘れてはならないのは、シュナイダースも述べているように、啓蒙を批判すること自体が啓蒙によってはじめて可能になったということ、つまり敵対するものに対して寛容であり、他者の自由や信条を尊重するということの必要性と重要性を最初に承認したのは一八世紀の啓蒙だったということである。

まず本書の構成を見ておきたい。全体は六つの章からなる。第一章は本書の概要を示しており、一八世紀の啓蒙が知性や意志の改善を目的とする精神的な営みであったと同時に、社会に働きかける改革運動でもあったことが簡潔に述べられる。また、この時代が一方で共有の課題をもちつつ、他方で各国が独自の課題をもつことで啓蒙のあり方も多様であったことが論じられる。第二章から第四章までは、それぞれ主要三国であるイギリス、フランス、ドイツの啓蒙が主題化される。そして第五章では主要三国以外のヨーロッパ諸国、そしてアメリカが取り上げられ、それぞれ簡潔ではあるがその特徴が描写される。英仏独ならびにそれ以外の各国ごとの啓蒙について語るという構成は、啓蒙一般を主題化する同種の書であるロイ・ポーター『啓蒙主義』(見市雅俊訳、岩波書店、二〇〇四年)や、ジョン・

ロバートソン『啓蒙とはなにか――忘却された〈光〉の哲学』（野原慎司・林直樹訳、白水社、二〇一九年）が宗教、政治、公衆などテーマ別に構成されているのとは明確に異なっており、本書の特徴だと言える。このような構成になっていることは、啓蒙のもつ一般性だけでなく、それぞれの国特有の啓蒙を際立たせようとする著者の意図に基づくものである。最後の第六章で著者は、一八世紀の啓蒙がその世紀の終わりに終焉したことについて、それが人間理性への信頼そのものに対する最終的な否定を意味するのか、それとも啓蒙の終焉ということでただ一時の「機能不全状態」が意味されているだけなのか、ということを問う。当然ながら著者の立場は後者である。

次に、主な内容を確認しておきたい。シュナイダースは一六八八年の名誉革命をイギリスでの「啓蒙」の始まりを示す事件とみなす。この事件により議会制民主主義を確立したイギリスは、その後海外の植民地をさらに増やし、他国に先立って産業革命を始めることで、先進国としての地位を確固としたものにする。こういった社会的進展の基礎にあるのがフランシス・ベーコンに淵源をもちジョン・ロックにはじまる英国経験主義の認識論であり実践哲学であるというのが著者シュナイダースの見立てである。経験に先立つ観念ではなく経験の内なる観念を探究し、彼方の理想ではなく現実の生活にとって有用な事柄を追い求めるというイギリス人の精神の起源を経験主義のうちに、そして経験主義を生み出したメンタリティのうちに洞察しようとするわけである。ロックについてはさらに、私たちの経験の成立する過程を分析し、固性や大きさなど対象そのもののもつ性質（一次性質）と、色や音など対象そのものの性質ではなく私たちが対象を把握しようとすることで生まれる性質（二次性質）

とを分けることで、その後に続く哲学的認識論を方向づけたとして高く評価する。また、真の宗教は理性と矛盾するものではなく、あくまでも理性と一致するはずだという考え方についても著者はロックの宗教理解のうちにその一つの確かな起源を見ている。その後、既成宗教のように理性と矛盾することを、たとえそれがその教えのわずかな部分であったとしてもこれを認めるのではなく、あくまでも理性と一致する宗教こそが真の宗教であるはずだという考え方が、国や地域を超えてこの時代を特徴づける共通の思考となった。理性に基づく宗教という理念である。

フランスでは一六八五年の「ナントの王令廃止」とともに啓蒙の時代が始まったとされる。この事件の後、フランスはカトリック色をそれまで以上に強めることとなり、それ以外の宗派の人々、特に多数いたカルヴァン派の人々は、自らの主義を保持しつつ生活の糧を得ることのできる場所を求めて国外へと流れた。結果として絶大な権力をもつ国家がカトリック教会と結びつくことになり、思想家たちはこの絶対主義の王政と教会を反動の中枢として攻撃することになる。文化面では、当初イギリスでチェンバースにより刊行された『サイクロピーディア』（二巻、一七二八）の翻訳企画として始まり、その後企画が変更され独自の百科事典としてダランベールとディドロに編纂を委ねられた『百科全書』（三五巻、一七五一―一七八〇）が際立っている。これは様々な学術的知識、技術や芸術を幅広い読者に提供しようとする大きな社会的事業であり、シュナイダースはこれをフランスでの啓蒙運動の「象徴」であると見なす。興味深いことにシュナイダースによれば、諸科学の区分に関しダランベールは先に触れたイギリスの思想家ベーコンの区分に従っており、哲学に関してはドイツの哲学者ヴォルフの形而上学の区分に（名前をあげることなしに）従っていた。また、既にドイツ語で出版されていたツェードラーの『万有事典』（六四巻と別巻四巻、一七三二―一七五四）ならびにヴァルヒの『哲学辞典』（二巻、一七二六）の記述が一部翻訳されて『百科全書』に用いられているということからは、「啓蒙の時代」においても文化の伝播が必ずしも一方的ではなかったということを示す事例となっている。

ドイツで啓蒙の始まりを告げるのは、ライプツィヒ大学でのクリスティアン・トマージウスによるドイツ語での講義公告（一六八七）だとされる。イギリスの「名誉革命」、フランスでの「ナントの王令廃止」と比べると、社会全体から見るならばほんの小さな出来事にすぎない。しかし、ここにドイツでの啓蒙の独特のあり方がすでに反映されているとも解される。イギリスではクラブが、フランスではサロンが啓蒙家にとってその活動の主要な場所であったのとは異なり、ドイツでは何よりも大学が啓蒙家の活動する空間であり啓蒙の進捗を担う場所だった。先に触れたトマージウス、ドイツ語で形而上学や倫理学について著述し、ドイツ語の学術用語の確立と普及に大きく貢献したヴォルフ、啓蒙についての最も有名な論稿の著者カントは、いずれも大学教授だった。「三〇年戦争」後に締結されたウェストファリア条約（一六四八）以降も一つの国家とならず多数の領邦国家であり続け、政治・文化的に後進国と見なされていたドイツでは、諸々の大学が改革運動の牽引役を担っていたということがドイツ啓蒙の特徴であり、そこに学んだ人びとが後に宮廷に入り官僚となることで、社会や制度の改革に携わることになったわけである。またレッシング、ヴィーラント、ヘルダーなど、作家でありかつ啓蒙家だった人たちもまた大学教育を受けており（ヴィーラントは大学教授だった）、そこで学んだことが何よりも活動の基盤になっていたと思われる。重要な啓蒙家として著者が特に頁を割いているレッシングの劇詩『賢者ナータン』には、三つの一神教の対立が主題化されている。ユダヤ人である主人公は自らの宗教であるユダヤ教だけでなくキリスト教、イスラム教のいずれもが同等に真理性をもつことを認めたうえで、更なる時間経過のうちに、すなわち歴史の進展うちに最も多くの人々がそのうちに真理性を認めることになる宗教こそが真の宗教であるという考えを述べている。ここで著者レッシングは自らの帰属するキリスト教を優先するのではなく、他の宗教の真理性を同等に承認したうえで、それぞれの宗教が積み重ねる実践に対して最終的に人びとによって判断が下されるだろうという解釈を提示するわけだ。ここには、自己を相対化し、自分に敵対する人びとをも自分と同様に尊重しようとする心の態度が描かれており、理性や人間性への信頼、寛容、先入見批判など啓蒙の主要な理念が文字通り劇的に描かれている。

著者シュナイダースによれば、「啓蒙の時代」はフランス革命の勃発ないしその進捗とともに終わりを迎える。この解釈は、革命によって得られるのは現行の専制政治を廃棄することだけであり、常に自己愛に基づき自らの利益を最優先するという私たちの「心のあり方」の「真の改革」を行うことは決してできないとするカントの立場に対応している。カントは革命と啓蒙は全く異なるものだと考えていた。既に触れたようにシュナイダースは、革命による啓蒙の時代の終わりが理性に基づく「啓蒙」の最終的な挫折を意味するのか、それともそれは近代のただ一時的な「機能不全」を意味するにすぎないのかと問う。時代概念としての啓蒙の終焉が理性による努力の大きな挫折であるとしても、私たちには自己や社会を改善しようとする努力を放棄せず、理性や人間性を信頼して努力を続ける以外の選択肢はないのだ、というのが著者の最終的な回答である。

　さらに、著者はドイツ語の「アウフクレールング」のもつ独特の含意に注目し、この語が英語の「エンライトメント」やフランス語の「リュミエール」と異なる点を際立たせようとする。彼によれば、「エンライトメント」という言葉が時代概念として用いられるようになるのは一九世紀以降であり、しかもそれはドイツ語の「アウフクレールング」を意識してのことであって、「啓蒙の時代（Das Zeitalter der Aufklärung）」に対応する表現ないしはその訳語として「啓蒙の時代（The Age of Enlightenment）」が使われるようになったとされる。つまり一八世紀当時のイギリス人自身が自らの生きる時代を「啓蒙の時代」として意識していたわけではないと解釈するわけだ。これに対して「リュミエール」については、一八世紀のフランスに「認識」や「洞察」を意味するこの語を用いて自らの時代を「光の世紀（le siècle des Lumières）」と表現することがあったとされる。すなわち自分たちが光の時代に生きているという自覚があったわけである。ただし著者によれば、ここでの「光」は主に知や認識の改善を意味するものであり、人々の意志の改善を意味するものではなかった。後者の意味を含み、「民衆の啓蒙」といった意味をも担うタームである「啓蒙《アウフクレールング》」はドイツ語独特の用語であるというのが著者の解釈である。纏めるならば、自分の生きている時代を「啓蒙」されつつある時代として意識していたのは先ずはドイツ人であり、意志の改善や「民衆の啓蒙」という意味をもつ「アウフクレールング」という言葉は、英語やフランス語には見られないドイツ語特有の言葉だというのが著者の基本的な理解である。

本書は、イギリス、フランス、ドイツという主要三国以外にヨーロッパ諸国ならびにアメリカについても触れることで、比較啓蒙論にもなっており、啓蒙運動は西ヨーロッパだけの特殊な現象ではなく、広く国際的な視野でこれを把握すべきだという著者の立場が読み取れる。また、哲学者や思想家だけでなく、多数の文学者や芸術家にも言及することで「一八世紀啓蒙の人物群像」の観もある。「感情の価値」を軽視せず、「啓蒙運動における不足を情動によって補う」芸術のもつ意味を尊重する本書には、自らが純然たる理性主義の立場に立つのではないという著者のスタンスが示されている。感性や感情を軽視するのではなく、それらのもつ価値を正当に認めることが啓蒙の主体・担い手には求められると見なすわけである。また全体として各文化圏のもつ共通点よりも個別性に、また統一性を踏まえつつ多様性に視線が向けられていると言うこともできるだろう。

「啓蒙」については近年、網羅的にその全体像を描こうとするドリンダ・ウートラムの『図説 啓蒙時代百科』（北本正章訳、原書房、二〇二二年）、そして一八世紀ヨーロッパ啓蒙思想全般を纏める『啓蒙思想の百科事典』（日本18世紀学会 啓蒙思想の百科事典編集員会編、丸善出版株式会社、二〇二三年）が出版されるなど、日本でも関心が再び高まっていると言えそうである。では、私たちは自らが生きるこの現代をどのような時代と見なすことができるのだろうか。『ベルリン月報』に掲載された有名な論稿「啓蒙とは何か」（一七八四）でカントは自らの生きる時代が「すでに啓蒙された時代」ではないが、それが漸次進みつつある「啓蒙の時代」だと述べていた。私たちは自分の生きるこの時代を同様の言葉で表現することができるだろうか。肯定的に答えることは難しいに違いない。技術を生み出す理論的な思考は確かに常に進歩している。これに対して新たな技術を応用することがもたらす影響を査定する働きを担う実践的な思考は、これに追いついていない。より正確には、実践的な思考ないしその主体である実践理性はこの間何ら変わっておらず旧態依然のままだと言うべきだろう。また、理性一般を単なる道具的なものにしないためには、感性や感情を軽視するのではなく、これを正当に尊重することが求められるに違いない。本書に見るシュナイダースの啓蒙論には、感情や情動をも認めるような理性的主体への希求を読み取ることができる。啓蒙運動は理論理性だけが担うものではなく、同時にまた実践理性によっても担われ、さらにはまた私たちの感情が常にこれらに付随するはずである。感情を軽視することなくその役割を正当に認めつつ、自己のあり方を省察し、同時に自らの時代について反省する理性が、今こそ私たち自身のうちに強く求められている。

以下に著者の業績について簡潔に触れておきたい。

シュナイダースは一八世紀の法学者・倫理学者トマージウスの実践哲学研究から出発した。『自然法と愛の倫理学――クリスティアン・トマージウスにみる実践哲学史』（*Naturrecht und Liebesethik. Zur Geschichte der praktischen Philosophie im Hinblick auf Christian Thomasius*, Hildesheim und New York, 1971）は刊行から既に半世紀以上を経ているが、現在でもこの分野では必ず言及される基礎文献である。ハレ大学のフランク・グルネルトの筆になる回想文によれば、シュナイダースはトマージウスが自らの生涯をかけて追求した課題である「道徳的な社会改革」をドイツ啓蒙の核心的課題と見なしていた。「悟性の改善」と「意志の改善」によって最終的に求められているのは、社会を道徳的に改革することだというのが、シュナイダースがトマージウスから受け継いだ啓蒙の真の課題だったわけである。その後一八世紀ドイツ啓蒙の脈絡で繰り返し主題化された先入見批判をテーマとする教授資格論文『啓蒙と先入見批判――先入見理論の歴史の研究』(*Aufklärung und Vorurteilskritik. Studien zur Geschichte der Vorurteilstheorie*, Stuttgart-Bad Cannstatt, 1983)を執筆している。この論文は、カントや一八世紀ドイツ哲学の研究者として名高いノルベルト・ヒンスケが編集するシリーズ『ドイツ啓蒙哲学の研究と資料』(Norbert Hinske, Hrsg., *Forschungen und Materialien der deutschen Aufklärung*, Frommann-Holzboog, 1982~)の一巻として刊行されている。一八世紀啓蒙に課された主要な課題の一つは「先入見批判」であり、真実らしいが実際には誤っている認識を暴露することであって、その誤りの原因を明るみに出すことだった。このテーマを徹底して掘り下げたのがこの書である。その他に『真の啓蒙――ドイツ啓蒙の自己理解』(*Die wahre Aufklärung. Zum Selbstverständnis der deutschen Aufklärung*, Freiburg, München, 1974)、『二〇世紀のドイツ哲学』(*Deutsche Philosophie im 20. Jahrhundert*, München, 1998)、『人間は幾つ哲学を必要とするのか』(*Wieviel Philosophie braucht der Mensch?* München, 2001)等がある。既に邦訳されている著書に『理性への希望――ドイツ啓蒙主義の思想と図像』(*Hoffnung auf Vernunft. Aufklärungsphilosophie in Deutschland*, Hamburg 1990)村井則夫訳、法政大学出版局二〇〇九年がある。彼はまたオルムス社から刊行されている『トマージウス著作集』(Christian Thomasius: *Ausgewählte Werke*, Georg Olms Verlag, Hildesheim 1993~)の企画・立案者でもあり、二〇一一年まで編集の任にあたっていた。シュナイダースはミュンスター大学で教授として後進の育成にあたり、「一八世紀ドイツ研究会」会長として、さらには「国際一八世紀学会」の理事として、この分野の研究を牽引することで、ドイツ啓蒙だけでなく国際的な規模での啓蒙研究に貢献した。

翻訳はまず第一章と第四章を河村が、第二章と第六章を西が、第三章と第五章を嵩原がそれぞれ分担して草稿を作り、その後草稿を共同で添削しつつ訳文を推敲した。訳者の一人である河村はシュナイダース教授と一度お話したことがあり、教授から本書を頂戴していた。また、本務校で「近代啓蒙論」という講義科目を担当しており、本書をかなり以前から読んでいたので、機会があれば翻訳することで多くの人々に紹介したいと考えていた。今般その旨、晃洋書房編集部の西村喜夫氏にご相談し、翻訳出版することになった次第である。

最後になったが、二〇二一年に急逝された著者ヴェルナー・シュナイダース教授のご冥福を、心よりお祈り申し上げたい。

二〇二四年四月

訳者代表　河村克俊

《訳者紹介》

河 村 克 俊（かわむら　かつとし）

1958年　京都市生まれ
　　　　関西学院大学大学院文学研究科修士課程修了
　　　　その後ドイツ・トリーア大学留学 Ph.D
現　在　関西学院大学言語コミュニケーション文化研究科および法学部教授

主要業績

G. ベーメ著『新しい視点から見たカント『判断力批判』』河村克俊監訳，浅野貴彦・嵩原英喜・西章訳，晃洋書房 2018年
『インターネットとヘイトスピーチ』共編著，明石書店 2021年
『カントと十八世紀ドイツ講壇哲学の自由概念』晃洋書房 2022年

嵩 原 英 喜（たけはら　ひでき）

1973年　大阪府生まれ
　　　　関西学院大学大学院文学研究科博士課程後期課程修了　博士（哲学）
現　在　関西学院大学，神戸女学院大学，清恵会第二医療専門学院，園田学園女子大学，帝塚山大学，西宮市医師会看護専門学校非常勤講師

主要業績

「ガダマーにおける「解釈学的対話」と超越の問題」（関西哲学会編『アルケー』No.16，2008年）
「形象と解釈――ガダマーの言語思想」（学位論文，2012年）
「存在論的観点における理解の可能性――ハイデガーとガダマー」（『関西学院哲学研究年報』第50輯，2017年）

西　　章（にし　あきら）

1978年　三重県生まれ
　　　　関西学院大学大学院文学研究科博士課程後期課程修了　博士（哲学）
現　在　沖縄大学人文学部准教授

主要業績

「ショーペンハウアーは人間の「尊厳」を放擲したか？――共苦の実相から見た脳死・臓器移植問題」（日本ショーペンハウアー協会編『ショーペンハウアー研究』第21号，2016年）
„Die Offenbarung des Schönen im Schweigen des Willens: Schopenhauer contra Nietzsche?", in: *Das neue Jahrhundert Schopenhauers: Akten des Internationalen Forschungsprojektes anlässlich des 200. Jubiläums von Die Welt als Wille und Vorstellung 2018-2020* (Hrsg. Yoichiro Takahashi, Takao Ito, Tsunafumi Takeuchi), Königshausen&Neumann, 2022.
「相模原障害者殺傷事件が問いかけていること」（関西学院大学哲学倫理学研究室編『関西学院哲学研究年報』第56輯，2023年）

人名索引

〈サ　行〉

〈タ　行〉

〈ナ　行〉

〈ハ　行〉

〈マ・ヤ行〉

〈ラ 行〉

啓蒙の時代

2024年７月20日　初版第１刷発行　　＊定価はカバーに表示してあります

著　者　ヴェルナー・シュナイダース
訳　者　河村克俊
嵩原英喜
西　　章
発行者　萩原淳平

発行所　株式会社　晃洋書房
〒615-0026　京都市右京区西院北矢掛町７番地
電話　075(312)0788番㈹
振替口座　01040-6-32280

装丁　尾崎閑也　　印刷・製本　亜細亜印刷(株)

ISBN 978-4-7710-3855-4